essentials

essentials liefern aktuelles Wissen in konzentrierter Form. Die Essenz dessen, worauf es als „State-of-the-Art" in der gegenwärtigen Fachdiskussion oder in der Praxis ankommt. *essentials* informieren schnell, unkompliziert und verständlich

- als Einführung in ein aktuelles Thema aus Ihrem Fachgebiet
- als Einstieg in ein für Sie noch unbekanntes Themenfeld
- als Einblick, um zum Thema mitreden zu können

Die Bücher in elektronischer und gedruckter Form bringen das Fachwissen von Springerautor*innen kompakt zur Darstellung. Sie sind besonders für die Nutzung als eBook auf Tablet-PCs, eBook-Readern und Smartphones geeignet. *essentials* sind Wissensbausteine aus den Wirtschafts-, Sozial- und Geisteswissenschaften, aus Technik und Naturwissenschaften sowie aus Medizin, Psychologie und Gesundheitsberufen. Von renommierten Autor*innen aller Springer-Verlagsmarken.

Weitere Bände in der Reihe https://link.springer.com/bookseries/13088

Daniel Naumann

Vergaberecht

Grundzüge der öffentlichen
Auftragsvergabe

2., aktualisierte und ergänzte 2. Auflage

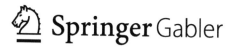

Springer Gabler

Daniel Naumann
Luther Rechtsanwaltsgesellschaft mbH
Leipzig, Deutschland

ISSN 2197-6708   ISSN 2197-6716   (electronic)
essentials
ISBN 978-3-658-37004-6   ISBN 978-3-658-37005-3   (eBook)
https://doi.org/10.1007/978-3-658-37005-3

Die Deutsche Nationalbibliothek verzeichnet diese Publikation in der Deutschen Nationalbibliografie; detaillierte bibliografische Daten sind im Internet über http://dnb.d-nb.de abrufbar.

Lektorat: Catarina Gomes de Almeida
Springer Gabler ist ein Imprint der eingetragenen Gesellschaft Springer Fachmedien Wiesbaden GmbH und ist ein Teil von Springer Nature.
Die Anschrift der Gesellschaft ist: Abraham-Lincoln-Str. 46, 65189 Wiesbaden, Germany

Was Sie in diesem *essential* finden können

- Eine Einführung in die öffentliche Auftragsvergabe („Vergaberecht")
- Skizzierung der Grundzüge des Vergaberechts
- Darstellung des Ablaufs eines Vergabeverfahrens inklusive Erläuterung der im Vergabevermerk zu dokumentierenden Verfahrensangaben
- Bedeutung der E-Vergabe
- Grundlagen des vergaberechtlichen Rechtsschutzes

Vorwort

„Als Vergaberecht wird die Gesamtheit der Normen bezeichnet, die ein Träger öffentlicher Verwaltung bei der Beschaffung von sachlichen Mitteln und Leistungen, die
er zur Erfüllung von Verwaltungsaufgaben benötigt, zu beachten hat". Diese vom
Bundesverfassungsgericht (Urt. v. 13.06.2006 – Az.: 1 BvR 1160/03 (juris), Tz.
2) entwickelte Definition wurde bereits im Vorwort der Erstauflage aufgegriffen,
um dem Leser zu verdeutlichen, dass es sich bei dem Vergaberecht um einen
bedeutenden Wirtschaftsfaktor handelt, deren Grundlagen sowohl öffentlichen
Auftraggebern als auch Auftragnehmern bekannt sein sollten. Ziel des *essentials* war es daher, eine komprimierte Einführung in das Vergaberecht zu geben
und die wichtigsten „Basics" der öffentlichen Auftragsvergabe zu vermitteln.

Diesen Anspruch verfolgt auch die 2. Auflage weiter. Aufgrund der dynamischen Entwicklung des Vergaberechts sind zwischenzeitlich einige Aktualisierun-
gen – wie etwa im Bereich der Schwellenwerte – erforderlich geworden. Darüber
hinaus wurde das *essential* um zwei weitere Graphiken zur Umsetzung der UVgO
und der Vorgehensweise bei der Angebotsauswertung ergänzt.

Besonderer Dank gilt meinen Kollegen Herrn FA für Vergaberecht Kars-
ten Köhler, Herrn FA für Vergaberecht Steffen Häberer sowie Herrn RA
Andreas Mally für wertvolle Hinweise und den Freiraum, die Neuauflage in der
vorgesehenen Zeit fertig zu stellen.

Die im Januar 2019 veröffentlichte Erstauflage des *essentials* wurde von der
Leserschaft freundlich aufgenommen. Über weiteres Feedback freut sich der
Autor wiederum unter daniel.naumann@luther-lawfirm.com.

Leipzig, im Dezember 2021

Daniel Naumann

Inhaltsverzeichnis

Über den Autor

Daniel Naumann ist als Rechtsanwalt in Leipzig vor allem im öffentlichen Wirtschafts- und Gesellschaftsrecht tätig. Seine Schwerpunkte liegen in der rechtlichen Begleitung von öffentlichen Auftraggebern bei europaweiten Vergaben, öffentlichen Ausschreibungen und komplexen Beschaffungsvorhaben. Er unterstützt Vergabestellen insbesondere bei der Erstellung der Ausschreibungsunterlagen, bei der Durchführung von Bietergesprächen, bei der Auswertung von Angeboten und beim Umgang mit Bieteranfragen und -rügen. Zudem umfasst die Beratung von Herrn Naumann insbesondere auch die rechtssichere Umsetzung der E-Vergabe im Bereich der Verfahrensgestaltung und -dokumentation. In diesem Zusammenhang hat er die Abwicklung von mehr als 100 Vergabeverfahren über eine namhafte E-Vergabeplattform betreut.

Außerdem ist Daniel Naumann Autor zahlreicher Fachbeiträge in Kommentaren und Zeitschriften u. a. auf dem Gebiet des Vergaberechts.

Weitere Angaben zum Autor

Daniel Naumann, Luther Rechtsanwaltsgesellschaft mbH, Grimmaische Straße 25, 04109 Leipzig; daniel.naumann@luther-lawfirm.com

Einleitung

1

Das Vergaberecht ist ein junges und dynamisches Rechtsgebiet, dessen Bedeutung stetig zunimmt. Dies zeigt sich etwa an dem wirtschaftlichen Gewicht der öffentlichen Auftragsvergabe, die nach Schätzungen des Bundesministeriums für Wirtschaft und Klimaschutz bei ca. 300 Mrd. EUR (BMWi 2021) im Jahr liegt. Hinzu kommt, dass der Staat und staatsnahe Stellen in einigen Wirtschaftsbereichen – wie etwa bei der Beschaffung von Rüstungsgütern – eine monopolartige Stellung innehat. Infolgedessen übersteigt das Angebot der jeweiligen Leistungen durch private Unternehmen oftmals die Nachfrage der öffentlichen Auftraggeber. Um einen fairen Wettbewerb über die Verteilung („Vergabe") der Leistungen an die entsprechenden potentiellen Auftragnehmer zu gewährleisten, bedarf es daher der Beachtung der vergaberechtlichen Regelungen. Letztere gebieten den öffentlichen Auftraggebern insbesondere die Schaffung von Wettbewerb, die Gleichbehandlung und Nichtdiskriminierung der an dem Vergabeverfahren teilnehmenden Unternehmen sowie eine transparente Verfahrensgestaltung (§ 97 Abs. 1, 2 GWB).

Die vorgenannten Beispiele – die im Übrigen auch einige der wichtigsten vergaberechtlichen Prinzipien abbilden (hierzu s. **Ziff. 2.3**) – zeigen, dass öffentliche Auftraggeber gut beraten sind, die Einhaltung der vergaberechtlichen Vorschriften bei jedem Beschaffungsvorgang ernst zu nehmen. Auch private Auftragnehmer, die ihre Chancen auf die Erteilung des Auftrags über die Erbringung der ausgeschriebenen Leistung und damit auf den „Zuschlag" erhöhen wollen, sollten mit den Vorgaben des Vergaberechts vertraut sein.

Das vorliegende *essential* richtet sich an beide Beteiligte: Öffentliche Auftraggeber sollen bei der praktischen Umsetzung und der richtigen Anwendung des Vergaberechts unterstützt werden. Daneben erhalten Unternehmen, die sich an dem Verfahren um einen öffentlichen Auftrag beteiligen wollen, einen Überblick

© Springer Fachmedien Wiesbaden GmbH, ein Teil von Springer Nature 2022
D. Naumann, *Vergaberecht,* essentials,
https://doi.org/10.1007/978-3-658-37005-3_1

über die wesentlichen Anforderungen und häufige Fehlerquellen im Vergabeverfahren. Hierzu werden zunächst die wichtigsten Grundzüge („Basics") des
Vergaberechts erläutert, die sowohl öffentlichen Auftraggebern als auch privaten Auftragnehmern bekannt sein sollten. In einem zweiten Schritt wird der
praktische Anwendungsbereich des Vergabeverfahrens skizziert und dabei die
zentralen Schnittstellen zu den gesetzlich vorgeschriebenen Inhalten der Dokumentation bzw. des Vergabevermerks hergestellt. Durch diese „Verlinkungen"
soll verdeutlicht werden, wie ein öffentlicher Auftrag vergaberechtlich „einzuklei-
den" ist. Hiernach erfolgt die Darstellung des Ablaufs eines Vergabeverfahrens,
wobei ein besonderes Augenmerk darauf gelegt wird, welche Schritte zur
rechtssicheren Abwicklung eines öffentlichen Vergabeverfahrens in der Praxis
erforderlich sind. Sodann werden die bedeutendsten Aspekte der E-Vergabe dargestellt, die – schrittweise – durch die Vergaberechtsnovelle 2016 eingeführt und
deren Umsetzung im Oktober 2018 abgeschlossen wurde. Zum Schluss werden die wesentlichen Grundlagen des Rechtsschutzes bei der Verletzung von
vergaberechtlichen Vorschriften erläutert. Insofern haben unterlegene Bieter die
Möglichkeit, eine Vergabeentscheidung, die auf der Nichtbeachtung von Vergabevorschriften beruht, vor den jeweils zuständigen Vergabekammern anzugreifen.
Die Gefahr eines Nachprüfungsantrags und den damit einhergehenden Nachteilen
stellt im Übrigen einen weiteren Grund dar, weshalb jeder öffentliche Auftraggeber penibel auf die Einhaltung der vergaberechtlichen Vorschriften achten
sollte.

Grundlagen des Vergaberechts

2

Das „**Vergaberecht**" legt das Verfahren und die Kriterien zur Auswahl eines Vertragspartners für öffentliche Auftraggeber fest. Es handelt sich also um „**Vertragsanbahnungsrecht**", das auf den Abschluss entgeltlicher Verträge des öffentlichen Auftraggebers mit privaten Auftragnehmern abzielt (Burgi/Dreher 2017, Einleitung, Rn. 1).

2.1 Begriff und Gegenstand des Vergaberechts

Unter dem Begriff „**Vergaberecht**" bzw. dem „**Recht der öffentlichen Auftragsvergabe**" versteht man die Gesamtheit der Rechtsvorschriften, die öffentliche Auftraggeber bei der Beschaffung von Gütern und Leistungen zu beachten haben (Schmid 2015, S. 158). Öffentliche Auftraggeber schließen zur Erfüllung ihrer staatlichen Aufgaben insbesondere **zivilrechtliche Verträge** mit privaten Auftragnehmern ab, die die Lieferung von Waren, die Ausführung von Bauleistungen oder die Erbringung von Dienstleistungen zum Gegenstand haben. Erhält der Auftragnehmer als Gegenleistung für die Beschaffung der vorgenannten Leistungen ein Entgelt, handelt es sich um einen „**öffentlichen Auftrag**" (vgl. § 103 Abs. 1 GWB). Anstelle der Zahlung eines Entgelts kann die Gegenleistung aber auch darin bestehen, dass dem Auftragnehmer ein ausschließliches Nutzungsrecht an der zu erbringenden Leistung zugestanden wird. In diesem Fall hat der Auftragnehmer die Möglichkeit, sich – auf eigenes wirtschaftliches Risiko – gegenüber den Nutzern der Leistung zu refinanzieren und man spricht von einer „**Konzession**" (Burgi 2021, § 1, Rn. 1). Gegenstand des Vergaberechts ist dementsprechend ein öffentlicher Auftrag oder eine Konzession (hierzu s. auch **Ziff. 3.1.2.3**).

© Springer Fachmedien Wiesbaden GmbH, ein Teil von Springer Nature 2022
D. Naumann, *Vergaberecht,* essentials,
https://doi.org/10.1007/978-3-658-37005-3_2

2.2   Strukturelle Zweiteilung des Vergaberechts

Das Vergaberecht lässt sich strukturell in **zwei verschiedene Regelungsbereiche**
einteilen (Stelkens/Bonk/Sachs 2018, § 54 VwVfG, Rn. 155a). Die Klassifizie-
rung erfolgt dabei anhand definierter **Wertgrenzen,** die durch die europäischen
Richtlinien vorgegeben werden. Die Wertgrenzen hängen von der jeweiligen
Auftragsart des Beschaffungsvorgangs ab und werden allgemein auch als „EU-
Schwellenwerte" (hierzu s. **Ziff. 3.2.1**) bezeichnet: Erreicht oder überschreitet
der geschätzte Auftragswert den für die Auftragsart einschlägigen Schwellenwert,
handelt es sich um eine Vergabe im sog. „Oberschwellenbereich" (Lux 2006,
S. 972). Wird der Schwellenwert hingegen nicht erreicht, liegt eine Vergabe im
sog. „Unterschwellenbereich" vor. Im Oberschwellenbereich hat sich in diesem
Zusammenhang der Begriff des „Kartellvergaberechts" herausgebildet, während man im Unterschwellenbereich auch vom „Haushaltsvergaberecht" spricht
(Stelkens/Bonk/Sachs 2018, § 54 VwVfG, Rn. 155a). Zum besseren Verständnis
wird die formale Struktur des Vergaberechts in **Abb. 2.1** nochmals graphisch
veranschaulicht.

> Aufträge im Oberschwellenbereich müssen **europaweit** – zwingend
> über die Online-Version des **„Supplements zum Amtsblatt der**

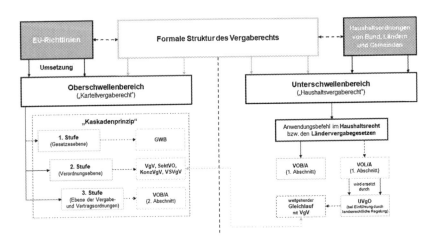

Abb. 2.1 Formale Struktur des Vergaberechts

Europäischen Union" für das europäische öffentliche Auftragswesen, d. h. die Plattform **„TED"** (Tenders Electronic Daily, https://ted. europa.eu) – **ausgeschrieben werden.** Des Weiteren hat die Unterscheidung zwischen ober- und unterschwelligen Auftragsvergaben erhebliche Bedeutung für die Regelungen zum **Bieterrechtsschutz** nach §§ 155 ff. GWB (vgl. Lux 2006, S. 970). Letzterer gilt gemäß § 106 Abs. 1 Satz 1 GWB nur für Beschaffungsvorgänge, deren geschätzter Auftragswert die Schwellenwerte erreicht oder überschreitet (zum Rechtsschutz im Ober- und Unterschwellenbereich s. auch **Ziff. 6**).

2.2.1 Oberschwellenbereich („Kartellvergaberecht")

Die vergaberechtlichen Regelungen im Oberschwellenbereich sind nach dem sog. **„Kaskadenprinzip"** aufgebaut und lassen sich aus formaler Sicht folglich in **3 Stufen** aufteilen (Ziekow/Völlink 2020, Einleitung, Rn. 25).

Auf der **1. Stufe** – der **Gesetzesebene** – steht der 4. Teil des GWB (Probst/Winters 2019, S. 1158). Dieser teilt sich seinerseits in zwei Kapitel, von denen das erste die **„Vergabeverfahren"** und insofern die vergaberechtlichen Grundlagen zum Gegenstand hat (Burgi/Dreher 2017, Einleitung, Rn. 57). Das erste Kapitel enthält des Weiteren drei Unterabschnitte, bei denen sich der erste Abschnitt mit den **Grundsätzen, Definitionen** und dem **Anwendungsbereich** von öffentlichen Auftragsvergaben befasst; der zweite Abschnitt die Vergabe von **öffentlichen Aufträgen** (hierzu s. **Ziff. 3.1.2**) durch **öffentliche Auftraggeber** (hierzu s. **Ziff. 3.1.1**) betrifft und der dritte Abschnitt die Vergabe von öffentlichen Aufträgen in besonderen Bereichen und Konzessionen zum Gegenstand hat. Hinsichtlich der Grundsätze des Vergaberechts ist besonders die Regelung des **§ 97 GWB** hervorzuheben, die die zentralen Regelungszwecke und Funktionen des Vergaberechts abbildet (hierzu s. **Ziff. 2.3**). Das zweite Kapitel betrifft die Rechtsschutzgewährleistung im Vergaberecht und mithin die sog. **„Nachprüfungsverfahren"** (hierzu s. **Ziff. 6.1**).

Zu der **2. Stufe** – der **Verordnungsebene** – gehören die Verordnung über die Vergabe öffentlicher Aufträge (Vergabeverordnung – **„VgV"**), die Verordnung über die Vergabe von öffentlichen Aufträgen im Bereich des Verkehrs, der Trinkwasserversorgung und der Energieversorgung (Sektorenverordnung – **„SektVO"**), die Verordnung über die Vergabe von Konzessionen (Konzessionsvergabeverordnung – **„KonzVgV"**) sowie die Vergabeverordnung Verteidigung und Sicherheit

(„VSVgV"). Sowohl der 4. Teil des GWB als auch die vorgenannten **Rechtsverordnungen** (zu diesen s. auch **Ziff. 3.**3) beruhen auf der Umsetzung einschlägiger
EU-Vergaberichtlinien und stellen insofern den „**Kern**" des deutschen Vergaberechts dar (Burgi/Dreher 2017, Einleitung, Rn. 17).

Auf der **3. Stufe** – der Ebene der **Vergabe- und Vertragsordnungen** –
befanden sich früher sämtliche Vorschriften der VOB/A, VOF und VOL/A
(Probst/Winters 2015, S. 122). Seit der Vergaberechtsreform 2016 befindet
sich auf dieser Kaskade gemäß § 2 Satz 2 VgV nunmehr ausschließlich
der 2. Abschnitt der Vergabe- und Vertragsordnung für Bauleistungen, Teil A
(„**VOB/A**").

Zu beachten ist, dass über den drei vorgenannten Stufen noch die **einschlägigen europäischen Richtlinien** stehen, die bei Zweifeln zur Auslegung der
nationalen Vorschriften herangezogen werden müssen bzw. vorrangig gelten,
wenn die nationale Regelung den europäischen Richtlinien widerspricht.

2.2.2 Unterschwellenbereich („Haushaltsvergaberecht")

Bei Auftragsvergaben unterhalb des EU-Schwellenwerts finden die Bestimmun-
gen der **Haushaltsordnungen** von **Bund, Ländern** und **Gemeinden** Anwendung
(Raasch 2009, S. 200). Vorrangig gelten ferner die **Ländervergabegesetze**
(Raasch 2009, S. 200), wie bspw. das Berliner Ausschreibungs- und Vergabegesetz („**BerlAVG**"), das Gesetz über die Vergabe öffentlicher Aufträge in
Sachsen-Anhalt (Landesvergabegesetz – „**LVG LSA**") oder das Gesetz über die
Vergabe öffentlicher Aufträge im Freistaat Sachsen (Sächsische Vergabegesetz –
„**SächsVergabeG**"). Soweit das Haushaltsrecht bzw. die Ländervergabegesetze
es **anordnen,** gelten darüber hinaus jeweils der 1. Abschnitt der VOB/A und
der VOL/A sowie die Unterschwellenvergabeverordnung („**UVgO**"), wobei letzt-
genannte die Regelungen des 1. Abschnitts der VOL/A sukzessive ersetzen
soll (Reidt/Stickler/Glahs 2018, Einleitung, Rn. 15). Gemäß der Bekanntmachung im Bundesanzeiger tritt die UVgO allerdings erst durch die Neufassung
der Allgemeinen Verwaltungsvorschriften zu § 55 BHO bzw. für die Länder
durch die entsprechenden landesrechtlichen Regelungen in Kraft (BMWi 2017).
Einen Überblick über den aktuellen Stand der Umsetzung der UVgO in den
Bundesländern gibt **Abb. 2.2.**

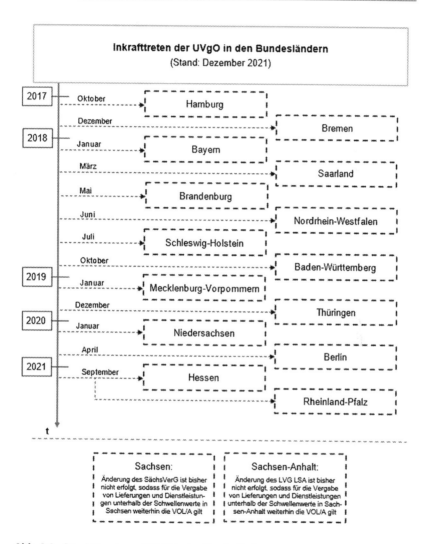

Abb. 2.2 Stand Umsetzung UVgO in den Bundesländern

Die UVgO orientiert sich strukturell an der für öffentliche Aufträge oberhalb der EU-Schwellenwerte geltenden VgV (BMWi 2017). Die Vergabe von Liefer- und Dienstleistungen ist ober- und unterhalb der EU-Schwellenwerte dementsprechend weitgehend **identisch** geregelt (Reidt/Stickler/Glahs 2018, Einleitung, Rn. 15). Zudem findet die **Weiterentwicklung** des Vergaberechts hauptsächlich im Oberschwellenbereich statt, was sich u. a. dadurch zeigt, dass der nationale Gesetzgeber die europäischen Rechtsentwicklungen regelmäßig – mit einigen Jahren Abstand – nachvollzieht (Schmid 2015, S. 159). Der Schwerpunkt der Darstellung des vorliegenden *essentials* liegt daher überwiegend im Kartellvergaberecht, wobei an einigen besonders **praxisrelevanten „Stellen"** freilich auch auf die Regelungen unterhalb der Schwellenwerte eingegangen werden soll. Zu diesen zählen etwa die Verfahrensarten (s. **Ziff. 3.4**), die Geltung der E-Vergabe (s. **Ziff. 5.2**) und der vergaberechtliche Rechtsschutz im Unterschwellenbereich (s. **Ziff. 6.2**).

2.3   Reglungszweck und Funktionen

Historische Entwicklung des Vergaberechts

Zum besseren Verständnis des Sinn und Zwecks des Vergaberechts, ist ein Blick auf dessen geschichtliche Entwicklung hilfreich: Bei dem Recht der öffentlichen Auftragsvergabe handelt es sich um ein vergleichsweise **junges Rechtsgebiet**, das stark durch die Umsetzung **europarechtlicher Vorgaben** geprägt ist. Ausgangspunkt der staatlichen Beschaffung in Deutschland ist das **Haushaltsrecht**. Letzteres verpflichtet den öffentlichen Auftraggeber zur Beachtung der Grundsätze der Wirtschaftlichkeit und der Sparsamkeit bei der Verwendung von Haushaltsmitteln in Form von Steuergeldern (vgl. § 6 Abs. 1 Haushaltsgrundsätzegesetz – HGrG). Die vorgenannten Prinzipien werden in den Haushaltsordnungen des Bundes und der Länder sowie den landesrechtlichen Gemeindehaushaltsordnungen dahingehend konkretisiert, dass beim Abschluss von Beschaffungsverträgen nach **einheitlichen Richtlinien** zu verfahren ist (Gabriel/Krohn/Neun 2021, § 1, Rn. 2). Diese Richtlinien wurden im Jahr 1998 durch die Einführung des vierten Teils des **Gesetzes gegen Wettbewerbsbeschränkungen („GWB")** sowie durch die Kodifizierung bzw. Novellierung diverser Vergabeverordnungen gesetzlich geregelt (s. o. **Ziff. 2.2**). Die Vorschriften des Vergaberechts wurden somit in das bereits existierende Kartellrecht (= GWB) integriert, sodass man seit dieser Zeit auch vom sogenannten **„Kartellvergaberecht"** spricht (Burgi/Dreher 2017, Einleitung, Rn. 46). Aufgrund europarechtlicher Einflüsse und mit diesem im Zusammenhang stehender gemeinschaftsrechtlicher Vorgaben, hat sich das Vergaberecht seit dem Jahr 1998 dynamisch weiterentwickelt. Die letzte große Vergaberechtsreform in Deutschland datiert auf den **18. April 2016** und hat u. a. zu einer **vollständigen Überarbeitung** der Regelwerke für die Vergabe öffentlicher Aufträge und Konzessionen sowie zur – stufenweisen – Einführung der **E-Vergabe** geführt. Im Bereich der europaweiten Ausschreibungen wurde diese zum 18. Oktober 2018 abgeschlossen (hierzu auch **Ziff. 5.1**).

Das Vergaberecht verfolgt grundsätzlich drei Zielsetzungen: die schonende Verwendung von Haushaltsmitteln, die Beschaffung von Sachmitteln zur Erfüllung staatlicher Aufgaben und die Gewährleistung eines freien und fairen Wettbewerbs (Frister 2011, S. 295).

Die Vergabe öffentlicher Aufträge und Konzessionen soll zunächst also die **Bedarfsdeckung** des Staats unter **angemessener Verwendung** von **Haushaltsmitteln** erreichen und damit die Funktionsfähigkeit des Staats erhalten (Gabriel/Krohn/Neun 2021, § 1, Rn. 3). Das bedeutet, dass der Einkauf von Leistungen und Gütern einesteils möglichst kostengünstig erfolgen muss, um haushaltsrechtliche Interessen und Belange wahren zu können (Frister 2011, S. 296). Andererseits fallen nur diejenigen Einkaufsvorgänge unter das Vergaberecht, mit denen zugleich ein Beschaffungszweck verfolgt wird (Burgi 2021, § 2, Rn. 24). Kurz gesagt soll der Auftraggeber keine Steuergelder „verschwenden", indem er Güter und Leistungen zu überhöhten Preisen einkauft oder die Beschaffung nicht zur Erfüllung seiner staatlichen Aufgaben erforderlich ist.

Darüber hinaus dient das Vergaberecht aber auch dem **Schutz** des **freien und fairen Wettbewerbs** der potenziellen Auftragnehmer. Die Schaffung und Sicherung von Chancengerechtigkeit durch die Gewährleistung eines fairen Wettbewerbs dürfte aus Sicht der Bieter sogar den hauptsächlichen und wesentlichen Zweck des Vergaberechts darstellen (Frister 2011, S. 296).

Das Vergaberecht steht demnach im Spannungsfeld unterschiedlicher Ziele und Interessen, die sich in den in § 97 GWB genannten Vergaberechtsgrundsätzen im unterschiedlichem Ausmaß widerspiegeln (Gabriel/Krohn/Neun 2021, § 1, Rn. 3). Im Einzelnen lassen sich die wichtigsten Prinzipien des Vergaberechts (s. hierzu auch **Abb. 2.3**) wie folgt zusammenfassen:

2.3.1 Wettbewerb und Transparenz

Nach § 97 Abs. 1 Satz 1 GWB werden öffentliche Aufträge und Konzessionen im Wettbewerb und im Wege transparenter Verfahren vergeben.

Der **Wettbewerbsgrundsatz** stellt eines der zentralen Prinzipien des Vergaberechts dar. Aus diesem folgt, dass ein möglichst großer Bieterkreis an dem Vergabeverfahren teilnehmen darf. Dies verlangt Publizität sowie die Wahl eines Verfahrens, bei dem sich die höchstmögliche Anzahl von Bietern beteiligen kann

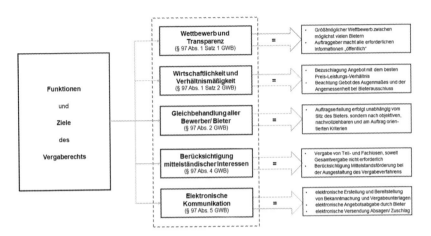

Abb. 2.3 Prinzipien und Ziele des Vergaberechts

(Willenbruch/Wieddekind 2017, § 97 GWB, Rn. 14). Letzteres ist insbesondere bei der Durchführung eines „offenen Verfahrens" denkbar, da sich bei diesem grundsätzlich eine unbeschränkte Anzahl von Unternehmen beteiligen bzw. ein Angebot einreichen kann (hierzu s. auch **Ziff. 3.4.1**). Zudem entspricht ein streng wettbewerblich orientiertes Vergabeverfahren in der Regel bereits dem haushaltsrechtlichen Gebot einer sparsamen und wirtschaftlichen Verwendung öffentlicher Mittel, indem den öffentlichen Auftraggebern durch dieses ermöglicht wird, Verträge zu den bestmöglichen Konditionen abzuschließen (Bunte 2022, § 97 GWB, Rn. 6).

Bestandteil des Wettbewerbsgebots ist ferner auch die Sicherstellung des **Geheimwettbewerbs.** Insbesondere kann ein unverfälschter Bieterwettbewerb nur stattfinden, wenn jeder Bieter sein Angebot in Unkenntnis der Angebote, Angebotsgrundlagen und Angebotskalkulationen seiner Mitbewerber abgibt (Burgi/Dreher 2017, § 97 Abs. 1 GWB, Rn. 23). Angebote sind daher grundsätzlich elektronisch verschlüsselt bei der Vergabestelle einzureichen. Soweit innerhalb eines Vergabeverfahrens – im Unterschwellenbereich – die Einreichung von schriftlich Angeboten zugelassen wurde, genügt folgerichtig auch die Übermittlung in einem verschlossenen Umschlag (hierzu s. **Ziff. 5.2**). Jedenfalls müssen die Angebote vom Auftraggeber während des Vergabeverfahrens vertraulich behandelt werden.

Der **Transparenzgrundsatz** besagt, dass Auftraggeber einen angemessenen Grad an Öffentlichkeit herzustellen haben (Willenbruch/Wieddekind 2017, § 97 GWB, Rn. 19). Öffentliche Beschaffungsvorgänge sollen dementsprechend einen fairen und offenen Wettbewerb sicherstellen und die missbräuchliche Bevorzugung nationaler, regionaler und lokaler Unternehmen (sog. „Haus- und Hoflieferanten") verhindern (Bunte 2022, § 97 GWB, Rn. 36). Eine wichtige Ausprägung des Transparenzgrundsatzes besteht u. a. darin, dass ein Auftraggeber die Intention, eine Leistung bzw. die Beschaffung von Gütern zu vergeben, ausschreiben und insofern öffentlich „**bekanntmachen**" muss. In diesem Zusammenhang müssen etwa die geforderten Eignungsnachweise, die Leistungsanforderungen und die Zuschlagskriterien, aber auch sonstige Regeln für das Vergabeverfahren so eindeutig bekannt gegeben werden, dass alle Beteiligten bei der Abfassung ihrer Teilnahmeanträge und Angebote aussagekräftige und wertungsfähige Angaben machen können und im Wettbewerb über die gleichen Chancen verfügen (Bunte 2022, § 97 GWB, Rn. 37). Ferner verlangt der Transparenzgrundsatz, dass der öffentliche Auftraggeber den Gang und die wesentlichen Entscheidungen des Vergabeverfahrens in einem Vergabevermerk **dokumentiert** (hierzu s. auch **Ziff. 3**), um die Entscheidungen der Vergabestelle transparent sowie für Bieter und ggf. Nachprüfungsinstanzen kontrollierbar zu machen (Ziekow/Völlink 2020, § 97 GWB, Rn. 54).

2.3.2 Wirtschaftlichkeit und Verhältnismäßigkeit

Gemäß § 97 Abs. 1 Satz 2 GWB müssen bei der Vergabe von Aufträgen und Konzession die Grundsätze der Wirtschaftlichkeit und der Verhältnismäßigkeit gewahrt werden.

Das Prinzip der **Wirtschaftlichkeit** fasst dabei verschiedene Aspekte des Vergabeverfahrens zusammen, die regelmäßig auf die wirtschaftliche Effizienz und damit auf eine möglichst vorteilhafte Gestaltung des Verhältnisses von Kosten und Nutzen im Vergabeverfahren abstellen (Burgi/Dreher 2017, § 97 Abs. 1 GWB, Rn. 50). Die wichtigste Ausprägung des Grundsatzes ist, dass der Auftraggeber den Zuschlag auf das „**wirtschaftlichste**" Angebot erteilen muss (§ 127 Abs. 1 Satz 1 GWB). Ausweislich § 127 Abs. 1 Satz 3 GWB bestimmt sich letzteres nach dem besten „**Preis-Leistungs-Verhältnis**". Entscheidet der Auftraggeber nach dem Kriterium der Wirtschaftlichkeit über die eingegangenen Angebote, trägt er im Übrigen wiederum der Pflicht zur sparsamen und wirtschaftlichen Haushaltsführung Rechnung (Gabriel/Mertens/Prieß/Stein 2021, § 97 Abs. 1 GWB, Rn. 58).

Der Grundsatz der **Verhältnismäßigkeit** beinhaltet für die Vergabestelle bei der Ausarbeitung der Details der Verfahrensgestaltungen und im Hinblick auf die Anforderungen an Bewerber bzw. Bieter die Beachtung des Gebots des **Augenmaßes und der Angemessenheit** (Burgi/Dreher 2017, § 97 Abs. 1 GWB, Rn. 55). Infolgedessen bezieht sich die Verhältnismäßigkeit u. a. auf die Möglichkeit des Auftraggebers, einen Bewerber bzw. Bieter bei Vorliegen eines fakultativen Ausschlussgrundes – wie bspw. die Eröffnung eines Insolvenzverfahrens über das Vermögen eines Bieters (vgl. § 124 Abs. 1 Nr. 2 GWB) – von der Teilnahme an einem Vergabeverfahren auszuschließen (Gabriel/Mertens/Prieß/Stein 2021, § 97 Abs. 1, GWB, Rn. 57).

2.3.3 Gleichbehandlung aller Bewerber/Bieter

Ein weiteres elementares Grundprinzip des Vergaberechts stellt die **Gleichbehandlung** der Bieter dar. Nach § 97 Abs. 2 GWB sind die Teilnehmer eines Vergabeverfahrens gleich zu behandeln, es sei denn, eine Ungleichbehandlung ist aufgrund der Regelungen des Kartellvergaberechts ausdrücklich geboten oder gestattet. Der Gleichbehandlungsgrundsatz ist eng mit dem Wettbewerbsprinzip **verzahnt** (Pünder/Schellenberg 2019, § 97 GWB, Rn. 78). Nur wenn alle Unternehmen, die ein Interesse an einem Auftrag haben, unabhängig von dem jeweiligen Sitz des Unternehmens nach **objektiven,** nachvollziehbaren, am Auftrag orientierten **Kriterien** tatsächlich gleich behandelt werden und kein Konkurrent einen auf **Sonderbeziehungen** zum Auftraggeber beruhenden Vorteil erhält, kann Wettbewerb um die beste und die wirtschaftlichste Leistung entstehen (Gabriel/Mertens/Prieß/Stein 2021, § 97 Abs. 2 GWB, Rn. 1). Mithin müssen sowohl die formelle Ausgestaltung des Verfahrens als auch die materiellen Entscheidungen und Maßnahmen jederzeit eine Gleichbehandlung aller Bewerber bzw. Bieter sicherstellen (Bunte 2022, § 97 GWB, Rn. 66). Diesbezüglich darf der Auftraggeber etwa keinen Verfahrensteilnehmer hinsichtlich der Informationsgewährung bevorzugen oder benachteiligen, alle Teilnehmer müssen dieselben Vergabeunterlagen erhalten, Antworten auf Bieterfragen sind (soweit sie für alle relevant sind) allen interessierten Unternehmen zur Verfügung zu stellen, Teilnahmeanträge bzw. Angebote sind gleichförmig zu bewerten und alle Bewerber bzw. Bieter unterliegen denselben Fristen und Anforderungen (Röwekamp/Kus/Portz/Prieß 2020, § 97 GWB, Rn. 67).

2.3.4 Berücksichtigung mittelständischer Interessen

Bei der Vergabe öffentlicher Aufträge sind von der Vergabestelle gemäß § 97 Abs. 4 Satz 1 GWB zudem **mittelständische Interessen** vornehmlich zu berücksichtigen. Dies erfolgt zunächst dergestalt, dass öffentliche Aufträge in Form von **Teil- und Fachlosen** vergeben werden müssen (§ 97 Abs. 4 Satz 2 GWB), sofern nicht eine Gesamtvergabe aus wirtschaftlichen oder technischen Gründen erforderlich ist (§ 97 Abs. 4 Satz 3 GWB). Die Aufteilung von Aufträgen in kleinere Einheiten („**Lose**") trägt der geringeren Leistungsfähigkeit mittelständischer Unternehmen Rechnung und kommt diesen dementsprechend entgegen (Bunte 2022, § 97 GWB, Rn. 90). Neben der grundsätzlich erforderlichen Losbildung hat der Auftraggeber darüber hinaus die Pflicht, weitere geeignete Maßnahmen der Mittelstandsförderung zu prüfen, was etwa durch die Wahl der Vergabeart, die Festlegung von Eignungskriterien oder die Bestimmung von Fristen sichergestellt werden kann (Burgi/Dreher 2017, § 97 Abs. 4 GWB, Rn. 45). Die „**vornehmliche**" Berücksichtigung mittelständischer Unternehmen darf jedoch nicht dazu führen, dass diese bei der Angebotswertung „**vorrangig**" berücksichtigt werden. Letzteres wäre insbesondere mit dem vergaberechtlichen Wettbewerbs- und Gleichbehandlungsgrundsatz nicht vereinbar (Röwekamp/Kus/Portz/Prieß 2020, § 97 GWB, Rn. 171).

2.3.5 Elektronische Kommunikation (E-Vergabe)

Zu den Prinzipien des Vergaberechts gehört schließlich auch der Grundsatz der **elektronischen Kommunikation** („**E-Vergabe**") im Sinne von § 97 Abs. 5 GWB (hierzu s. auch. **Ziff. 5.1**). Gemäß dieser Vorschrift haben Auftraggeber und Unternehmer für das Senden, Empfangen, Weiterleiten und Speichern von Daten im Vergabeverfahren grundsätzlich elektronische Mittel zu verwenden. Die elektronische Kommunikation soll folglich in **jedem Stadium** eines Vergabeverfahrens angewendet werden und betrifft u. a. die elektronische Erstellung und Bereitstellung der Bekanntmachung und der Vergabeunterlagen, die elektronische Angebotsabgabe sowie die elektronische Vorbereitung als auch die Versendung der Absagen und des Zuschlags (Willenbruch/Wieddekind 2017, § 97 GWB, Rn. 127, 130). Hintergrund der Einführung der E-Vergabe war dabei die Vereinfachung des Vergabeverfahrens und damit verbundene Effizienzgewinne und Qualitätssteigerungen sowie die Erhöhung der Rechtssicherheit und Transparenz bei elektronisch abgebildeten Prozessen, die durch die Möglichkeit zur detaillierten Zuweisung von Bearbeitungsrechten sowie durch die automatisierte Protokollierung von Ereignissen und Zugriffen gewährleistet wird (Gabriel/Mertens/Prieß/Stein 2021, § 97 Abs. 5 GWB, Rn. 14).

Die Anwendung des Vergaberechts in der Praxis

3

Adressaten des Vergaberechts sind zur Durchführung einer öffentlichen Ausschreibung verpflichtet. Dabei hat der öffentliche Auftraggeber das Vergabeverfahren von Beginn an fortlaufend in Textform zu **dokumentieren,** soweit dies für die **Begründung von Entscheidungen** des Vergabeverfahrens erforderlich ist (vgl. § 8 Abs. 1 Satz 1 VgV und s. auch **Ziff. 2.3.1**). Die wichtigsten „Weggabelungen", die von der vorgenannten Begründungspflicht erfasst sind, werden nachfolgend skizziert. Die Darstellung orientiert sich insbesondere an dem Aufbau des Vergabevermerks, den der öffentliche Auftraggeber in jedem Vergabeverfahren zu erstellen hat. Die Ausführungen können insofern als grobe **Richtlinien** für die Erstellung eines Vergabevermerks genutzt werden, dessen wesentlicher Inhalt in **Abb. 3.6** auch nochmals zusammengefasst wird.

3.1 Ausschreibungsverpflichtung

Das Vergaberecht ist in der Praxis erst dann anwendbar, wenn ein Beschaffungsvorgang durch eine (Vergabe-) Stelle durchgeführt werden soll, die als **öffentlicher Auftraggeber** zu qualifizieren ist, es sich bei den Vorhaben um einen **öffentlichen Auftrag** handelt und keine **Befreiung von der Vergabepflicht** einschlägig ist. Die Qualifizierung der Vergabestelle als öffentlicher Auftraggeber stellt in diesem Zusammenhang den **persönlichen,** die Einordnung des Beschaffungsvorgangs als öffentlicher Auftrag den **sachlichen Anwendungsbereich** des Vergaberechts dar.

© Springer Fachmedien Wiesbaden GmbH, ein Teil von Springer Nature 2022
D. Naumann, *Vergaberecht,* essentials,
https://doi.org/10.1007/978-3-658-37005-3_3

3.1.1 Persönlicher Anwendungsbereich: Öffentlicher Auftraggeber im Sinne des Vergaberechts

Zu den dem Vergaberecht unterfallenden Auftraggebern gehören gemäß § 98 GWB „öffentliche Auftraggeber" (§ 99 GWB), „Sektorenauftraggeber" (§ 100 GWB) und „Konzessionsgeber" (§ 101 GWB). Maßgeblich für die Einordnung als öffentlicher Auftraggeber ist nicht, in welcher Rechtsform der Auftraggeber organisiert ist, sondern vielmehr, dass er öffentliche Aufgaben unter staatlicher Einflussnahme erfüllt (Schmid 2015, S. 159). Die Einteilung der Öffentlichen Auftraggeber und die entsprechenden Ausführungen hierzu werden in der **Abb. 3.1** nochmals graphisch dargestellt und mit (weiteren) Beispielen unterlegt.

3.1.1.1 „Klassische" Auftraggeber

Der Begriff des öffentlichen Auftraggebers ist in § 99 GWB geregelt und wird durch den Gesetzgeber in vier Unterkategorien aufgeteilt. Bei der ersten Kategorie handelt es sich um **Gebietskörperschaften** und deren **Sondervermögen** (§ 99 Nr. 1 GWB). Diese werden allgemein auch als „**institutionelle**" oder „**klassische Auftraggeber**" bezeichnet (Gabriel/Mertens/Prieß/Stein 2021, § 99 GWB, Rn. 9 f.). Gebietskörperschaften – wie bspw. der Bund, die Bundesländer oder Gemeinden – sind Körperschaften des öffentlichen Rechts, deren Hoheitsbereich durch einen räumlich abgegrenzten Teil des Staatsgebiets bestimmt wird (Weyand 2015, § 98 GWB, Rn. 11 f.). Zu dem Sondervermögen einer Gebietskörperschaft zählen u. a. die kommunalen Eigenbetriebe. Insofern handelt es sich bei dem Sondervermögen um eine organisatorisch und haushaltsrechtlich vom sonstigen Vermögen getrennte, aber nicht rechtlich verselbstständigte Einheit einer Gebietskörperschaft (Ziekow/Völlink 2020, § 99 GWB, Rn. 30).

3.1.1.2 „Funktionelle" Auftraggeber

Gemäß § 98 Nr. 2 GWB gehören zu den öffentlichen Auftraggebern auch andere **juristische Personen** des **öffentlichen** und des **privaten Rechts,** die zu dem besonderen Zweck gegründet wurden, im Allgemeininteresse liegende Aufgaben nichtgewerblicher Art zu erfüllen, und „Staatsnähe" aufweisen. Beispiele für derartige „**funktionelle Auftraggeber**" sind etwa Stiftungen oder kommunale Krankenhäuser, die in einer privatrechtlichen Rechtsform – z. B. als GmbH – firmieren (Gabriel/Mertens/Prieß/Stein 2021, § 99 GWB, Rn. 31, 38).

Eine im **Allgemeininteresse** liegende Aufgabe ist gegeben, wenn es sich bei der Aufgabe um hoheitliche Befugnisse handelt, die Wahrnehmung der Belange

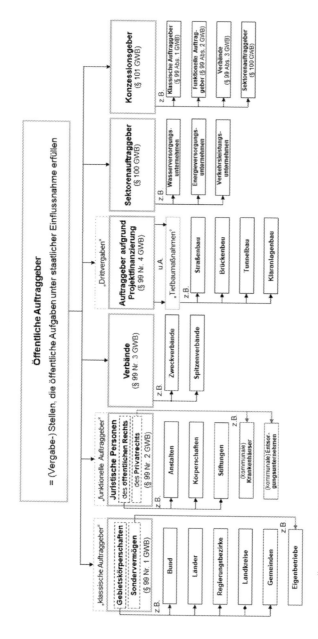

Abb. 3.1 Öffentliche Auftraggeber im Sinne des Vergaberechts

des Staates und damit Aufgaben betroffen sind, welche der Staat selbst erfüllen will oder bei denen er eine entscheidende Einflussnahme behalten möchte (Willenbruch/Wieddekind 2017, § 99 GWB, Rn. 18). **Nichtgewerblichkeit** setzt voraus, dass der Auftraggeber ohne oder jedenfalls nicht primär mit Gewinnerzielungsabsicht handelt, nicht im Wettbewerb zu anderen Leistungserbringern steht oder die mit der Tätigkeit verbundenen Risiken nicht selbst zu tragen hat (Pünder/Schellenberg 2019, § 99 GWB, Rn. 32). **Staatsnähe** liegt schließlich vor, wenn die juristische Person durch die öffentliche Hand aufgrund von überwiegender Finanzierung (§ 99 Nr. 2 lit. a) GWB), Aufsicht über die Leitung (§ 99 Nr. 2 lit. b) GWB) oder mehrheitliche Organbesetzung (§ 99 Nr. 2 lit. c) GWB) beherrscht wird. Erfüllt eine Organisation die vorgenannten Eigenschaften, unterliegt sie als Ganze den Vorgaben des (Kartell-) Vergaberechts (Schmid 2015, S. 160).

Hintergrund der Erweiterung des Begriffs des öffentlichen Auftraggebers auf juristische Personen des öffentlichen und privaten Rechts ist der allgemeine Grundsatz, dass sich der Staat seiner öffentlich-rechtlichen Bindungen nicht durch die Wahl privatrechtlicher Organisationsformen entziehen darf („**keine Flucht ins Privatrecht**"). Dies gilt auch im Vergaberecht. Durch den funktionellen Auftraggeberbegriff soll insbesondere verhindert werden, dass sich eine Gebietskörperschaft – etwa durch die Ausgliederung einer öffentlichen Aufgabe auf eine hierfür gegründete, privatrechtlich firmierende Eigengesellschaft – dem Anwendungsbereich des Vergaberechts entziehen kann (vgl. Pünder/Schellenberg 2019, § 98 GWB, Rn. 11). Dementsprechend wird die Regelung von der vergaberechtlichen Rechtsprechung in der Praxis auch sehr weit ausgelegt, um eine „Flucht" aus dem Vergaberecht zu verhindern (Weyand 2015, § 98 GWB, Rn. 47).

3.1.1.3 Verbände

Zu den öffentlichen Auftraggebern gehören nach § 98 Nr. 3 GWB ferner auch **Verbände,** deren Mitglieder klassische oder funktionelle Auftraggeber sind. Hierzu zählen vor allem Zweck- und Spitzenverbände wie etwa Städte- und Landkreistage (Schmid 2015, S. 160).

3.1.1.4 Auftraggeber aufgrund von Projektfinanzierung

Eine öffentliche Auftraggeberstellung kann sich zudem auch aus der Subventionierung von bestimmten Bauvorhaben durch klassische und funktionelle Auftraggeber bzw. Verbände ergeben, § 99 Nr. 4 GWB. Die Regelung bezweckt die Erfassung von sog. „**Drittvergaben**", bei denen einer der vorgenannten öffentlichen Auftraggeber einen Auftrag nicht selbst vergibt, sondern die Mittel – die für den Auftrag aufzuwenden wären – einem Dritten als Subvention gewährt.

Vergibt der Dritte aus diesen Mitteln seinerseits Aufträge zur Vorhabenrealisierung, wird er als „verlängerter Arm" des öffentlichen Auftraggebers tätig und soll insofern ebenfalls dem Vergaberecht unterworfen werden (Ziekow/Völlink 2020, § 99 GWB, Rn. 119). Dies gilt jedoch nur für bestimmte Projekte (vgl. **Abb. 3.1**).

3.1.1.5 Sektorenauftraggeber

Die sog. „**Sektorenauftraggeber**" gehören ebenfalls zu den öffentlichen Auftraggebern. Der Begriff „Sektorenauftraggeber" umfasst dabei sowohl die öffentlichen Auftraggeber gemäß § 99 Nr. 1 bis 3 GWB – also klassische und funktionelle Auftraggeber sowie Verbände – (§ 100 Abs. 1 Nr. 1 GWB) als auch natürliche oder juristische Personen des privaten Rechts, wenn diese auf Grundlage besonderer oder ausschließlicher Rechte tätig werden oder einem beherrschenden Einfluss der öffentlichen Hand ausgesetzt sind (§ 100 Abs. 1 Nr. 2 GWB). Entscheidend für die Anwendung des Vergaberechts auf die vorgenannten Auftraggeber ist in jedem Fall, dass die zu beschaffenden Liefer-, Bau- oder Dienstleistungen für eine Sektorentätigkeit bestimmt sind (Gabriel/Krohn/Neun 2021, § 2, Rn. 7). Zu den Sektorentätigkeiten gehören insbesondere die Trinkwasser- (§ 102 Abs. 1 GWB) und Energieversorgung (§ 102 Abs. 2 und 3 GWB) sowie Verkehrsleistungen (§ 102 Abs. 4 und 5 GWB).

Bei den Sektorenauftraggebern müssen private Unternehmen also in keinem Näheverhältnis zur öffentlichen Hand stehen. Ausreichend ist vielmehr, dass die (Sektoren-) Unternehmenstätigkeit aufgrund von besonderen oder ausschließlichen Rechten ausgeübt wird. Dementsprechend können **reine Privatunternehmen** allein wegen ihrer normativen Sonderstellung dem Vergaberecht unterfallen (Schröder 2012, S. 541). Durch die Einbeziehung rein privater Unternehmen in den Anwendungsbereich des Vergaberechts soll zum einen der durch die Sonder- oder Ausschließlichkeitsrechte ermöglichten Marktabschottung in den erfassten Sektoren entgegengesteuert werden und darüber hinaus den unterschiedlichen Privatisierungsgrad der Versorgungswirtschaft in den EU-Mitgliedstaaten dadurch angleichen, dass bei der Auftragsvergabe in den Sektoren EU-weit ähnliche Verhältnisse geschaffen werden (Gabriel/Krohn/Neun 2021, § 3, Rn. 75).

3.1.1.6 Konzessionsgeber

Schließlich gehören zu den öffentlichen Auftraggebern auch die **Konzessionsgeber** gemäß § 101 GWB. Konzessionsgeber können wiederum „klassische" und „funktionelle" Auftraggeber sowie Verbände sein, soweit diese eine Konzession vergeben (§ 101 Abs. 1 Nr. 1 GWB). Daneben umfasst der Begriff des Konzessionsgebers auch Sektorenauftraggeber, die eine Sektorentätigkeit ausüben und eine Konzession zum Zweck der Ausübung dieser vergeben (§ 101 Abs. 2 Nr. 2 und 3).

3.1.2 Sachlicher Anwendungsbereich: Qualifizierung des Vorhabens als öffentlicher Auftrag

Handelt es sich bei der Vergabestelle um einen öffentlichen Auftraggeber, muss in einem zweiten Schritt geprüft (und dokumentiert) werden, ob der zu beschaffende Gegenstand als „**öffentlicher Auftrag**" zu qualifizieren und insofern der sachliche Anwendungsbereich des Vergaberechts eröffnet ist.

3.1.2.1 Auftrag

Ausweislich § 103 Abs. 1 GWB sind öffentliche Aufträge entgeltliche Verträge zwischen öffentlichen Auftraggebern oder Sektorenauftraggebern und Unternehmen über die Beschaffung von Leistungen, die Lieferung von Waren, die Ausführung von Bauleistungen oder die Erbringung von Dienstleistungen zum Gegenstand haben. Die vorgenannten Begriffsmerkmale werden in der Praxis weit ausgelegt, sodass die praktische Wirksamkeit der Vergaberichtlinien stets gewährleistet wird (Gabriel/Krohn/Neun 2021, § 4, Rn. 3).

Entscheidend für das Vorliegen eines öffentlichen Auftrags sind damit die Merkmale Vertrag, Entgeltlichkeit und Beschaffungscharakter.

Ein **Vertrag** setzt das Einvernehmen von mindestens zwei Personen über die Erbringung von Leistungen voraus. Damit geht der vergaberechtliche Vertragsbegriff zwar über den zivilrechtlichen – nach §§ 145 ff. BGB – hinaus (Gabriel/Krohn/Neun 2021, § 4, Rn. 9). Jedoch kann ein Vertrag auch im Vergaberecht grundsätzlich nicht durch den einseitigen Erlass eines Verwaltungsakts des Auftraggebers erfolgen. Gleiches gilt für die Übertragung von Aufgaben aufgrund von Gesetzen, Satzungen und Verordnungen (Bunte 2022, § 103 GWB, Rn. 4). Der Vertrag kommt im deutschen Vergaberecht durch den Zugang der Mitteilung des Zuschlags beim erstplatzierten Bieter auf dessen Angebot bzw. bei einem verspäteten oder abgeänderten Zuschlag durch eine entsprechende Annahmeerklärung des Bieters zustande (Burgi/Dreher 2017, § 103 Abs. 1–4 GWB, Rn. 72).

Das Merkmal der **Entgeltlichkeit** erfasst nicht nur finanzielle Gegenleistungen im engeren Sinne, sondern vielmehr jede Art von geldwerter Gegenleistung, die ggf. sogar durch einen Dritten erbracht werden kann. Ein öffentlicher Auftrag umfasst also grundsätzlich alle zweiseitig verpflichtenden Verträge, in denen die Gegenleistung einen geldwerten Charakter hat (Bunte 2022, § 103 GWB, Rn. 18). An der Entgeltlichkeit im Sinne von § 103 GWB fehlt es, wenn der Auftragnehmer für die Erbringung der Gegenleistung keine Vergütung, sondern das alleinige Recht zur Nutzung bzw. Verwertung der Leistung, erhält (sog. „**Konzession**", s. **Ziff. 3.1.2.3**).

Schließlich handelt es sich bei einem öffentlichen Auftrag um einen **Beschaffungsvorgang**. Infolgedessen stellen Geschäfte, durch die keine Beschaffungen erfolgen, keinen öffentlichen Auftrag dar (hierzu vgl. **Ziff. 3.1.3**). Indem der Auftraggeber bei der Beschaffung aktiv Güter am Markt nachfragt, stellen vorgelagerte Handlungen wie bspw. Markterkundungen, Marktsondierungen, Machbarkeitsstudien und internen Beratungen lediglich Vorbereitungshandlungen dar, die im Regelfall noch keine vergaberechtlichen Pflichten auslösen (Gabriel/Krohn/Neun 2021, § 4, Rn. 35).

3.1.2.2 Auftragsarten

Zu den öffentlichen Auftragsarten gehören gemäß § 103 Abs. 1 GWB die Beschaffung von Leistungen, die die Lieferung von Waren („**Lieferaufträge**"), die Ausführungen von Bauleistungen („**Bauaufträge**") oder die Erbringung von Dienstleistungen („**Dienstleistungsaufträge**") zum Gegenstand haben. Auch **Rahmenvereinbarungen** (§ 103 Abs. 5 GWB) und **Auslobungsverfahren** (§ 103 Abs. 6 GWB) stellen „öffentliche Aufträge" im Sinne des Kartellvergaberechts dar.

Lieferaufträge sind Verträge zur Beschaffung von Waren (§ 103 Abs. 2 Satz 1 GWB), wobei die Lieferung insbesondere durch Kauf, Ratenkauf, Leasing oder aufgrund von Miet- oder Pachtverhältnissen – mit oder ohne Kaufoption – erfolgen kann. „**Waren**" sind danach alle beweglichen Sachen, denen ein Geldwert zukommt und die Gegenstand eines Handelsgeschäftes sein können (Schmid 2015, S. 161). Der Begriff ist weit zu verstehen, sodass auch unkörperliche Gegenstände wie Strom oder Wärmeenergie als „Waren" zu qualifizieren sind (Gabriel/Mertens/Prieß/Stein 2021, § 103 GWB, Rn. 61).

Ein **Bauauftrag** liegt gemäß § 103 Abs. 3 Satz 1 GWB bei einem Vertrag über die Ausführung oder die gleichzeitige Planung und Ausführung von Bauleistungen oder Bauwerken vor. Reine **Planerleistungen** unterfallen jedoch dem Dienstleistungsauftrag (Ziekow/Völlink 2020, § 103 GWB, Rn. 84). Daneben erfasst der Bauauftrag auch Bauleistungen durch **Dritte,** § 103 Abs. 3 Satz 2 GWB. Hierunter fallen etwa **Bauträgerverträge** – bei denen sich ein Unternehmen als Bauträger verpflichtet, nach den Vorgaben des Auftraggebers ein Bauwerk durch Dritte errichten zu lassen – oder **Generalübernehmerverträge** – bei denen der Auftragnehmer die Bauleistungen nicht selbst erbringt, sondern vollständig durch Nachunternehmer erbringen lässt, und selbst nur die Koordination der Gesamtleistung übernimmt (Bunte 2022, § 103 GWB, Rn. 35). Im Gegensatz zu Lieferleistungen betreffen Bauaufträge regelmäßig die Herstellung, Instandhaltung, Änderung oder Beseitigung einer **baulichen**

Anlage (Schmid 2015, S. 161). Folglich schuldet der Auftragnehmer bei Bauaufträgen grundsätzlich einen **Erfolg,** sodass es sich bei Bauaufträgen in der Regel um **Werkverträge** nach § 631 BGB bzw. neuerdings um **Bauverträge** gemäß § 650a BGB handeln dürfte (Gabriel/Mertens/Prieß/Stein 2021, § 103 GWB, Rn. 69).

Als **Dienstleistungsaufträge** definiert das Gesetz nach § 103 Abs. 4 GWB schließlich Verträge über die Erbringung von Leistungen, die weder als Liefer- noch als Bauauftrag zu qualifizieren sind. Es handelt sich damit um einen **Auffangtatbestand,** dem ein weiter Dienstleistungsbegriff zu Grunde zu legen ist (Willenbruch/Wieddekind 2017, § 103 GWB, Rn. 47). Derartige Dienstleistungen liegen etwa bei **Entsorgungs-, Architekten-, Fachingenieur** oder auch **Rechtsberatungsleistungen** vor (Röwekamp/Kus/Portz/Prieß 2020, § 103 GWB, Rn. 223, 299).

Wegen der **verschiedenen Schwellenwerte** (hierzu s. **Ziff. 3.2.1**) ist die Unterscheidung zwischen Liefer- und Dienstleistungsaufträgen auf der einen sowie Bauaufträgen auf der anderen Seite von hoher praktischer Bedeutung (Probst/Winters 2015, S. 122). Der Inhalt der vorgenannten Auftragsarten wird zur besseren Verdeutlichung deshalb in der **Abb. 3.2** nochmals aufgearbeitet und von den Konzessionen – dazu sogleich – abgegrenzt.

3.1.2.3 Konzessionen

Neben den öffentlichen Aufträgen eröffnet auch die Vergabe einer **Konzession** den sachlichen Anwendungsbereich des Vergaberechts. Konzessionen sind entgeltliche Verträge, mit denen ein oder mehrere öffentliche Konzessionsgeber einen oder mehrere Wirtschaftsteilnehmer mit der Erbringung einer Leistung – in Form einer Bau- oder Dienstleistungskonzession – **betrauen** (§ 105 Abs. 1 GWB). Bei der **Baukonzession** wird ein Unternehmer mit der Erbringung von Bauleistungen beauftragt, wobei die Gegenleistung entweder in dem Recht zur **Nutzung** des Bauwerks oder in dem Nutzungsrecht zuzüglich einer weiteren Zahlung bestehen kann, § 105 Abs. 1 Nr. GWB. Betraut der Konzessionsgeber einen Unternehmer mit der Erbringung und der Verwaltung einer Dienstleistung, liegt gemäß § 105 Abs. 1 Nr. 2 GWB eine **Dienstleistungskonzession** vor, bei der die Gegenleistung entweder in dem Recht zur **Verwertung** der Dienstleistung oder dem Verwertungsrecht und einer weiteren Zuzahlung besteht. Die ergänzende Zahlung darf freilich nicht von einem solchen Gewicht sein, dass sie nicht mehr als bloßer Zuschuss zu der vom Konzessionsnehmer selbst sicherzustellenden Refinanzierung angesehen werden kann (Ziekow/Völlink 2020, § 105 GWB, Rn. 20). Im Unterschied zum öffentlichen Auftrag geht bei der Vergabe einer Bau- oder Dienstleistungskonzession das **Betriebsrisiko** und damit auch die Gefahr,

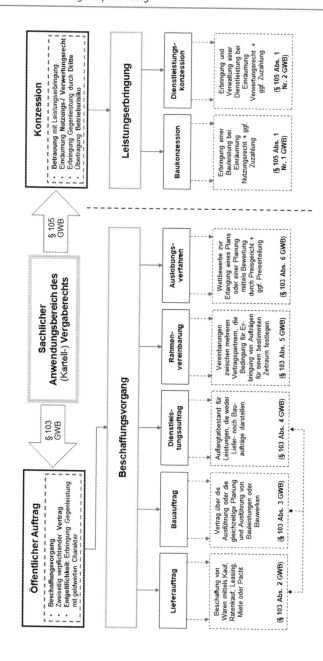

Abb. 3.2 Auftragsarten und Konzessionen

dass die getätigten Investitionen ggf. nicht wieder erwirtschaftet werden können, nämlich auf den Konzessionsnehmer über (§ 105 Abs. 2 GWB). Die wirtschaftliche Gegenleistung wird insofern von **Dritten** erbracht (vgl. Burgi/Dreher 2017, § 105 GWB, Rn. 75 ff.).

Beispiel

Ein aktuelles und praxisrelevantes Beispiel für Konzessionsvergaben stellt der Ausbau von **Breitbandkabelinfrastrukturen** mit Next Generation Access („NGA")-Netzen dar: Hierbei verpflichtet sich der Konzessionsnehmer in dem jeweiligen Ausbaugebiet NGA-Netze zu errichten und die Anlieger in dem entsprechenden Gebiet mit Breitbanddienstleistungen (z. B. Internet, Telefon, Fernsehen, etc.) zu versorgen. Die Gegenleistung des Konzessionsgebers besteht in der Einräumung eines Nutzungsrechts der NGA-Netze. Hinzu kommt oftmals noch eine einmalige Zuzahlung zum Ausgleich der „Wirtschaftlichkeitslücke" des Konzessionsnehmers. Die Vergabe der Errichtung und Betriebsleistung derartiger NGA-Netze ist insofern als Dienstleistungskonzession im Sinne von § 105 Abs. 1 Nr. 2 GWB zu qualifizieren. Die „wirtschaftliche" Gegenleistung wird dabei von den Endkunden der Breitbandkabelleistungen – und damit von „Dritten" – durch Zahlung bestimmter Beträge für die Nutzung der Breitbanddienstleistungen erbracht. Der Konzessionsnehmer trägt in diesem Zusammenhang insbesondere das Risiko der Refinanzierung, das Insolvenzrisiko der Kunden sowie das Risiko der Verschlechterung oder des Untergangs des Breitbandnetzes und folglich sämtliche Betriebsrisiken. ◀

3.1.3 Keine Befreiung von der Vergabepflicht

Innerhalb des Kartellvergaberechts gibt es eine beträchtliche Anzahl an Ausnahmetatbeständen, die systematisch in allgemeine und besondere Ausnahmetatbestände unterteilt werden können (Goede/Stoye/Stolz 2021, 3. Kapitel, Rn. 66). Letztere haben gemeinsam, dass sie – insbesondere wegen der Beachtung des vergaberechtlichen **Umgehungsverbots** – abschließend und eng auszulegen sind (Gabriel/Krohn/Neun 2021, § 2, Rn. 34).

Innerhalb des Vergaberechts gilt der Grundsatz, dass Ausnahmevorschriften nicht instrumentalisiert werden dürfen, um vergaberechtlichen Vorgaben – wie die Pflicht zur Durchführung eines wettbewerblichen Verfahrens – zu umgehen (vgl. Gabriel/Krohn/Neun 2021, § 72, Rn. 31). Das **Umgehungsverbot** hat dabei verschiedene gesetzliche Anknüpfungspunkte. So darf etwa die Berechnung des Auftragswerts gemäß § 3 Abs. 2 Satz 1 VgV nicht in der Weise erfolgen, dass das Kartellvergaberecht umgangen wird (hierzu s. **Ziff. 3.2.2**). Gleiches gilt für die Ausgestaltung des Vergabeverfahrens (§ 14 KonzVgV).

Die **allgemeinen Ausnahmen** der §§ 107 bis 109 GWB gelten grundsätzlich für alle Vergabeverfahren und für alle öffentlichen Auftraggeber (Gabriel/Krohn/Neun 2021, § 2, Rn. 32). § 107 GWB normiert zunächst einen Katalog von Tatbeständen, bei deren Vorliegen das (Kartell-) Vergaberecht keine Anwendung findet. Die jeweiligen Ausnahmetatbestände knüpfen u. a. an den Vertragstyp, an den Bereich, in dem die Verträge abgeschlossen werden, sowie an den Auftragsgegenstand an, bei dem ein nennenswerter europaweiter Austausch ggf. unwahrscheinlich erscheinen kann (Schmid 2015, S. 162). Exemplarische Ausnahmen sind etwa **Schieds- und Schlichtungsleistungen** (§ 107 Abs. 1 GWB), **Grundstücks- und Immobilienverträge** (§ 107 Abs. 2 GWB) oder **Arbeitsverträge** (§ 107 Abs. 3 GWB). Eine weitere allgemeine Ausnahme stellt die Befreiung von der Vergabepflicht bei öffentlich-rechtlicher Zusammenarbeit dar, § 108 GWB. Die vorgenannte Vorschrift setzt hierbei die bisherige Rechtsprechung des Europäischen Gerichtshofs zu den **Inhouse-Geschäften** um (Ziekow/Völlink 2020, § 108 GWB, Rn. 1). § 108 GWB erfasst dementsprechend Konstellationen, in denen der Auftraggeber eine Leistung nicht am Markt beschafft, sondern eine Einrichtung aus seinem **eigenen Wirkungskreis** beauftragt (vgl. Raasch 2009, S. 201). Voraussetzung für ein solches Inhouse-Geschäft ist, dass der öffentliche Auftraggeber über die beauftragte juristische Person eine ähnliche Kontrolle wie über seine eigene Dienststellen ausübt („**Kontrollkriterium**", § 108 Abs. 1 Nr. 1 GWB), mehr als 80 % der Tätigkeiten der juristischen Person der Ausführung von Aufgaben dienen, mit denen sie von dem öffentlichen Auftraggeber betraut wurde, („**Wesentlichkeitskriterium**", § 108 Abs. Abs. 1 Nr. 2 GWB) und an der juristischen Person grundsätzlich **keine** direkte **private Kapitalbeteiligung** besteht (§ 108 Abs. 1 Nr. 3 GWB).

Im Gegensatz zu den allgemeinen, sind die **besonderen Ausnahmen** nur für bestimmte Auftraggeber bzw. Auftragsarten anwendbar. So gelten die §§ 116 bis 118 nur für öffentliche Auftraggeber, die §§ 137 bis 140 GWB nur für Sektorenauftraggeber und die §§ 149, 150, 154 Nr. 1 GWB lediglich für Konzessionsvergaben (Goede/Stoye/Stolz 2021, 3. Kapitel, Rn. 66).

Das Umgehungsverbot spielt im Übrigen nicht nur bei den Ausnahmeregelungen, sondern bspw. auch bei **Vertragsverlängerungen** oder -**änderungen** eine Rolle (Lux 2006, S. 972). Diesbezüglich ist seit der Vergaberechtsnovelle in § 132 Abs. 1 Satz 1 GWB geregelt, dass **wesentliche Änderungen** während der Vertragslaufzeit ein neues Vergabeverfahren erfordern. Wann eine Änderung „wesentlich" ist, kann den sechs Regelbespielen des § 132 Abs. 1 Satz 3 GWB entnommen werden. Mithin bedarf es eines neuen Vergabeverfahrens, wenn die Änderungen z. B. die Zulassung **anderer Bieter** (§ 132 Abs. 1 Satz 3 Nr. 1 a) GWB) oder die Annahme eines **anderen Angebots** ermöglicht hätte (§ 132 Abs. 1 Satz 3 Nr. 1 b) GWB). Demgegenüber ist etwa bei dem Abruf einer **Option,** die bereits in den ursprünglichen Vergabeunterlagen enthalten war, gemäß § 132 Abs. 2 Satz 1 Nr. 1 GWB kein neues Vergabeverfahren erforderlich. Unter einer Option versteht man in diesem Zusammenhang das Recht, durch einseitige Erklärung einen neuen (abgeänderten) Vertrag zustande zu bringen (Linke 2017, S. 513).

> ⯈   Auch wenn einer der vorgenannten Ausnahmetatbestände eingreift
>   kann sich die Pflicht zur Anwendung des Vergaberechts dennoch aus
>   der **Gewährung von Fördermitteln** und den entsprechenden Förder-
>   mittelbedingungen der zugrunde liegenden Fördermittelbescheide
>   ergeben. Im Unterschied zu Drittvergaben (s. o. **Ziff. 3.1.1.4**) sind
>   damit Konstellationen gemeint, in denen dem öffentlichen Auftrag-
>   geber (und nicht dem „Dritten") die Subventionen gewährt werden.
>   Erhält eine Vergabestelle Zuwendungen für die Beschaffung, sollte sie
>   also genau prüfen, ob sich eine Ausschreibungspflicht nicht auch aus
>   den Fördermittelbedingungen ergeben kann.

3.2   Bestimmung des Schwellenwerts

Gelangt der Auftraggeber zu dem Ergebnis, dass er zur Durchführung einer öffentlichen Ausschreibung verpflichtet ist, weil er als öffentlicher Auftraggeber zu qualifizieren ist und der Beschaffungsvorgang einen öffentlichen Auftrag darstellt, gilt es als nächstes den für die Bekanntmachung erforderlichen **Auftragswert** – und damit den **Schwellenwert** – zu ermitteln.

3.2.1   Überblick Schwellenwerte

Wie bereits dargestellt wurde, ist das Kartellvergaberecht nur im sog. „Oberschwellenbereich" anwendbar. Dieser ist gemäß § 106 Abs. 1 Satz 1 GWB einschlägig, wenn der geschätzte Auftragswert den jeweils für die Auftragsart maßgeblichen EU-Schwellenwert erreicht oder überschreitet (s. o. **Ziff. 2.2**). Die

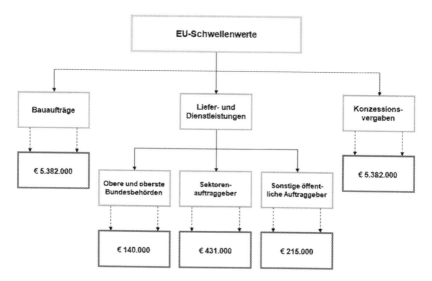

Abb. 3.3 EU-Schwellenwerte

einschlägigen Schwellenwerte werden im Gesetz nicht ausdrücklich genannt. Da die EU-Kommission die **Höhe** der Schwellenwerte für die Anwendung des EU-Vergaberechts turnusmäßig aller **zwei Jahre** aktualisiert, hat sich der Gesetzgeber in § 106 Abs. 2 GWB für einen dynamischen Verweis auf die jeweiligen Richtlinienvorschriften in der jeweils geltenden Fassung entschieden (Goede/Stoye/Stolz 2021, 3. Kapitel, Rn. 50). Sobald die einschlägigen Schwellenwerte im Amtsblatt der Europäischen Union veröffentlicht worden sind, ist das Bundesministerium für Wirtschaft und Klimaschutz („**BMWi**") nach § 106 Abs. 3 GWB verpflichtet, diese unverzüglich im **Bundesanzeiger** bekanntzugeben. Die aktuellen – vom 1. Januar 2022 bis 31. Dezember 2023 gültigen – EU-Schwellenwerte sind in **Abb. 3.3** dargestellt.

3.2.2 Ermittlung des Auftragswerts

Ob das Vergabeverfahren im Ober- oder Unterschwellenbereich zu platzieren ist, hängt also vom jeweiligen **Auftragswert** ab. Insofern sollte dem Auftraggeber bekannt sein, wie dieser zu **ermitteln** ist.

Die Ermittlung des Auftragswerts ist nicht im GWB, sondern in der 2. Stufe
der Kaskade des Kartellvergaberechts (s. o. **Ziff. 2.2.1**) und somit in den Rechtsverordnungen enthalten. Nähere Regelungen sind hierbei in den **§ 3 VgV, §
2 SektVO, § 3 VSVgV** sowie **§ 2 KonzVgV** festgelegt, wobei sich die Vorschriften inhaltlich stark ähneln, sodass zur Darstellung der Auftragsermittlung
nachfolgend hauptsächlich § 3 VgV herangezogen werden soll. Diese Norm
legt zunächst fest, dass bei der **Schätzung** des Auftragswerts vom **voraus-
sichtlichen Netto-Gesamtwert** – also ohne Umsatzsteuer – auszugehen ist, §
3 Abs. 1 VgV. Hierbei sind **werterhöhenden Faktoren** wie Optionen, Vertragsverlängerungen oder Prämienzahlungen zu berücksichtigen (Goede/Stoye/Stolz
2021, 3. Kapitel, Rn. 51). Insgesamt hat die Vergabestelle bei der Schätzung
eine realistische, seriöse und nachvollziehbare Prognose aufgrund **objektiver
Kriterien** anzustellen (Kapellmann/Messerschmidt 2020, § 3 VgV, Rn. 26, 30).
Grundlage der Kostenschätzung des öffentlichen Auftraggebers können sowohl
eigene Erkenntnisse aus vergangenen Vergabeverfahren oder sonstige Marktpreis-
kenntnisse sein, wobei dem Auftraggeber ein **weiter Beurteilungsspielraum** im
Zeitpunkt der Schwellenwertberechnung zusteht, da das Vergabeverfahren gerade
erst zur Ermittlung der für die auszuschreibende Leistung konkreten Angebots-
summe führen soll (Prieß/Hausmann/Kulartz 2018, A. II. 2.). **Maßgeblicher
Zeitpunkt** der Schätzung ist gemäß § 3 Abs. 3 VgV der Tag, an dem die
Bekanntmachung der beabsichtigten Auftragsvergabe **abgesendet** oder das Vergabeverfahren auf andere Weise **eingeleitet** wird. Keinesfalls darf die Wahl der
Methode zur Berechnung des Auftragswerts in der **Absicht** erfolgen, die Anwen-
dungen der Bestimmungen des Kartellvergaberechts **zu umgehen**, § 3 Abs. 2
Satz 1 VgV. Zum besseren Verständnis wird die Ermittlung des Auftragswerts
nochmals in **Abb. 3.4** dargestellt.

> Maßstab der Rechtmäßigkeit der Schwellenwertermittlung ist die
> von der Vergabestelle zu erwartende übliche Sorgfalt auf Grund-
> lage pflichtgemäß ermittelter Marktpreise (Prieß/Hausmann/Kulartz
> 2018, A. II. 2.). Eine in diesem Sinne ermittelte Schätzung des Auf-
> tragswerts ist auch dann **nicht zu beanstanden,** wenn im Ergeb-
> nis des Vergabeverfahrens einzelne (oder auch alle) Angebote **über
> dem Schätzwert** liegen (Goede/Stoye/Stolz 2021, 3. Kapitel, Rn. 53).
> Allerdings **erhöhen** sich die Anforderungen an die Schätzung, **je
> näher** der vermeintliche Auftragswert an den maßgeblichen EU-
> Schwellenwert heranreicht (Willenbruch/Wieddekind 2017, § 3 VgV,

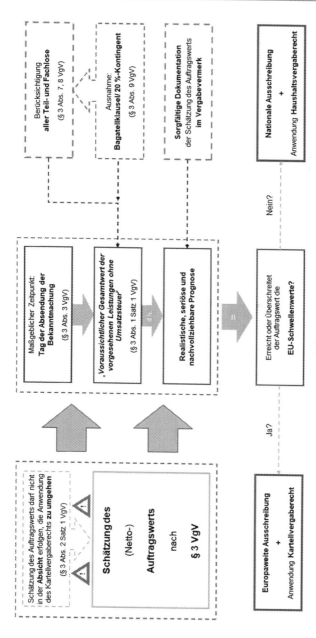

Abb. 3.4 Ermittlung des Auftragswerts

Rn. 8). Deshalb sollte der Auftraggeber in jedem Fall auf eine **sorg-fältige Dokumentation** des Schätzvorgangs zur Auftragsermittlung achten (Goede/Stoye/Stolz 2021, 3. Kapitel, Rn. 53).

3.2.3 Vergabepflicht bei Bildung von Teil- und Fachlosen

Wie bereits ausgeführt wurde, ist der öffentliche Auftraggeber zur Wahrung mittelständischer Interessen gemäß § 97 Abs. 4 GWB dazu angehalten, **Teil-** und **Fachlose** zu bilden (s. o. **Ziff. 2.3.4**). Schreibt der Auftraggeber einen Bau- oder Dienstleistungsauftrag in mehreren Losen aus, müssen die **Auftragswerte aller Lose** gemäß § 3 Abs. 7 Satz 1 VgV zusammengerechnet werden. Demgegenüber ist bei Planungs- oder Lieferleistungen nur dann der Gesamtwert aller Lose zugrunde zu legen, wenn es sich um **gleichartige Leistungen** handelt, § 3 Abs. 7 Satz 2, 8 VgV. Letztere liegt vor, soweit ein Zusammenhang zwischen den Aufträgen besteht (Willenbruch/Wieddekind 2017, § 3 VgV, Rn. 22). Erreicht oder überschreitet der Gesamtwert aller Lose den maßgeblichen EU-Schwellenwert, unterliegt **jedes** Los nach § 3 Abs. 7 Satz 3 VgV dem Kartellvergaberecht und muss dementsprechend europaweit bekannt gemacht werden.

3.2.4 Berücksichtigung des sog. 20 % -Kontingents

Abweichungen von der Vorgabe der europaweiten Vergabepflicht für jedes Los sind jedoch zulässig, soweit das entsprechende Los unter den Anwendungsbereich des § 3 Abs. 9 VgV fällt. Diese Vorschrift statuiert die sog. „**Bagatellklausel**" und gestattet dem Auftraggeber, im Vorfeld der Bekanntmachung ein Loskontingent von bis zu **20 % des Gesamtauftragswertes** zu bilden und dieses lediglich innerstaatlich – und damit nicht nach dem strengeren Kartellvergaberecht – auszuschreiben (Gabriel/Krohn/Neun 2021, § 8, Rn. 29). Voraussetzung für das Eingreifen der Bagatellklausel ist, dass der geschätzte Nettowert des betreffenden Loses bei Liefer- und Dienstleistungen unter **80.000 €** und bei Bauleistungen unter **1 Mio. EUR** liegt und die Summe der Nettowerte der Lose – die unter die Bagatellklausel fallen sollen – 20 % des Gesamtwerts aller Lose nicht übersteigt. Vergleichbare Regelungen der Bagatellklausel finden sich darüber hinaus auch in § 2 Abs. 9 SektVO und § 3 Abs. 7 VSVgV.

3.3 Anzuwendende Verfahrensordnung

Das GWB regelt nur die **allgemeinen Grundsätze** des Vergaberechts, während die **inhaltlichen Details** in den Rechtsverordnungen der VgV, der SektVO, der VSVgV, der KonzVgV sowie der VOB/A-EU enthalten sind (Reidt/Stickler/Glahs 2018, Einleitung, Rn. 13). Hat der Auftraggeber den maßgeblichen Auftragswert ermittelt, gilt es mithin als nächstes zu prüfen, welche **Verfahrensordnung** auf das einschlägige Vergabeverfahren **anzuwenden ist.** Hierzu sollten die wesentlichen Inhalte der wichtigsten Verfahrensordnungen bekannt sein.

Die Vergabeverordnung („**VgV**") enthält die näheren Bestimmungen für **Dienst- und Lieferleistungen,** die nicht im Sektorenbereich vergeben werden (Ziekow/Völlink 2020, Einleitung, Rn. 24) über die bei der Vergabe von Aufträgen einzuhaltenden Verfahren. Daneben gelten die allgemeinen Bestimmungen und die Vorgaben über die Kommunikation (Abschnitt 1) sowie die besonderen Methoden und Instrumente in Vergabeverfahren (Abschnitt 2, Unterabschnitt 2) der VgV auch für **Bauaufträge.** Die weiteren Regelungen für Bauaufträge sind gemäß § 2 Satz 2 VgV freilich der Vergabe- und Vertragsordnung für Bauleistungen, Teil A (**VOB/A**)) zu entnehmen.

Die Sektorenverordnung („**SektVO**") enthält die näheren Bestimmungen über die Vergabe von Aufträgen im Zusammenhang mit Tätigkeiten auf den Gebieten der Trinkwasser- und Energieversorgung sowie des Verkehrs, § 1 Abs. 1 SektVO. Sektorenauftraggeber (s. o. **Ziff. 3.1.1.5**) erhalten durch die vorgenannte Verordnung die Vergaberegeln für Bau-, Liefer- und Dienstleistungen (Greb/Müller 2017, § 1 SektVO, Rn. 16 f.). Lediglich Konzessionen unterfallen gemäß § 1 Abs. 3 SektVO nicht der Sektoren, sondern der Konzessionsvergabeverordnung.

Die Konzessionsvergabeordnung (**KonzVgV**) trifft die näheren Bestimmungen über das einzuhaltende Verfahren bei der dem Teil 4 des Gesetzes gegen Wettbewerbsbeschränkungen unterliegenden Vergabe von Konzessionen durch einen Konzessionsgeber, § 1 KonzVgV. Ebenso wie die SektVO findet die Konzessionsvergabeverordnung übergreifende Anwendung, da sie sowohl für Bau- als auch für Dienstleistungskonzessionen gilt (Ziekow/Völlink 2020, Einleitung, Rn. 23).

Bei allen vorgenannten Verfahrensordnungen hat der Auftraggeber zunächst zu klären (und wiederum zu **dokumentieren**), ob der **persönliche** und **sachliche Anwendungsbereich** der Verfahrensordnung eröffnet ist.

Beispiel

Für ein Vergabeverfahren nach der SektVO ist bspw. der persönliche Anwendungsbereich gemäß § 1 Abs. 1 SektVO eröffnet, wenn der Auftraggeber als Sektorenauftraggeber nach § 100 GWB zu qualifizieren ist, der eine Sektorentätigkeit im Sinne von § 102 GWB ausübt (s. o. **Ziff. 3.1.1**). Der sachliche Anwendungsbereich erfasst die dem Teil 4 des GWB unterliegende Vergabe von Aufträgen und Wettbewerben zum Zwecke einer Sektorentätigkeit, § 1 Abs. 1 SektVO. Erforderlich ist also ein öffentlicher Auftrag gemäß § 103 GWB (s. o. **Ziff. 3.1.2**) zum Zweck der Ausübung einer Sektorentätigkeit, die oberhalb der Schwellenwerte im Sinne von § 106 GWB liegt und für die keine Ausnahmen nach dem GWB gilt (Greb/Müller 2017, § 1 SektVO, Rn. 12).◄

3.4   Verfahrensarten

Nachdem die anzuwendende Verfahrensordnung identifiziert wurde, hat der Auftraggeber eine für seinen Beschaffungsvorgang passende **Verfahrensart** auszuwählen. Nach § 119 Abs. 1 GWB kann die Vergabe von öffentlichen Aufträgen im offenen Verfahren, im nicht offenen Verfahren, im Verhandlungsverfahren, im wettbewerblichen Dialog oder der Innovationspartnerschaft erfolgen. Auch die Wahl der Verfahrensart muss im **Vergabevermerk festgehalten** werden und – sofern eine Verfahrensart nur unter bestimmten Voraussetzungen zur Verfügung steht – **begründet** werden. Keiner gesonderten Begründung bedarf gemäß § 119 Abs. 2 Satz 1 GWB die Wahl des offenen und des nicht offenen Verfahrens.

Nachfolgend werden die Verfahrensarten skizziert und in **Abb. 3.5** – gemeinsam mit ihren vergleichbaren Pendants aus dem Unterschwellenbereich – graphisch dargestellt.

3.4.1   Offenes Verfahren

Das **offene Verfahren** ist ein Verfahren, in dem der öffentliche Auftraggeber eine **unbeschränkte Anzahl** von Unternehmen öffentlich zur Abgabe von Angeboten auffordert, § 119 Abs. 3 GWB. Hieraus folgt, dass grundsätzlich **jedes** interessierte Unternehmen allein oder gemeinsam mit anderen Unternehmen als Bietergemeinschaft ein Angebot für den ausgeschriebenen Auftrag abgeben kann (Probst/Winters 2019, S. 1159). Es handelt sich um ein **einstufiges Verfahren**

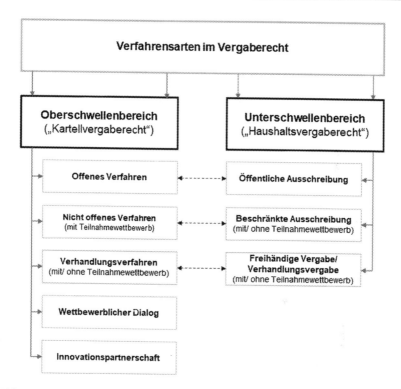

Abb. 3.5 Verfahrensarten

ohne vorherige Eingrenzung des Bieterkreises und **ohne Verhandlungen** über die eingereichten Angebote (Bunte 2022, § 119, Rn. 14). Insofern haben die Bieter gemeinsam mit den Angeboten die vom Auftraggeber geforderten **Eignungsnachweise** (hierzu s. **Ziff. 3.5**) vorzulegen (Burgi/Dreher 2017, § 119 Abs. 1–6 GWB, Rn. 20).

Im Unterschwellenbereich ist das offene Verfahren mit der **öffentlichen Ausschreibung** vergleichbar (Schmid 2015, S. 166).

3.4.2 Nicht offenes Verfahren

Gemäß § 119 Abs. 4 GWB handelt es sich bei dem **nicht offenen Verfahren** um ein Verfahren, bei dem der öffentliche Auftraggeber nach vorheriger öffentlicher Aufforderung zur Teilnahme eine beschränkte Anzahl von Unternehmen nach objektiven, transparenten und nichtdiskriminierenden Kriterien auswählt, die er zur Abgabe von Angeboten auffordert. Bei diesem **zweistufigen Verfahren** haben die interessierten Unternehmen („**Bewerber**") im Rahmen des sog. „**Teilnahmewettbewerbs**" bzw. der „**Präqualifikation**" ihre Eignung zunächst mit Hilfe der vom öffentlichen Auftraggeber geforderten Unterlagen nachzuweisen (Probst/Winters 2015, S. 123). Hiernach wertet der Auftraggeber die Teilnahmeanträge aus und fordert die geeigneten Bewerber zur **Angebotsabgabe** auf (Burgi/Dreher 2017, § 119 Abs. 1–6 GWB, Rn. 23). Ebenso wie im offenen Verfahren, darf auch im nicht offenen Verfahren über die Angebote **nicht verhandelt** werden (Willenbruch/Wieddekind 2017, § 119 GWB, Rn. 10).

Das nicht offene Verfahren ist im Unterschwellenbereich mit der **beschränkten Ausschreibung** vergleichbar (Bunte 2022, § 119, Rn. 20).

3.4.3 Verhandlungsverfahren

Das **Verhandlungsverfahren** ist ein Verfahren, bei dem sich der öffentliche Auftraggeber mit oder ohne Teilnahmewettbewerb an ausgewählte Unternehmen wendet, um mit einem oder mehreren dieser Unternehmen über die Angebote zu verhandeln, § 119 Abs. 5 GWB. Im Unterscheid zum offenen und nicht offenen Verfahren besteht in diesem Verfahren kein Verhandlungsverbot, sondern sogar die **Pflicht zur Verhandlung** (Probst/Winters 2015, S. 123). Im Verhandlungsverfahren ist der Leistungsgegenstand nicht bereits in den Vergabeunterlagen in allen Einzelheiten festgeschrieben. Vielmehr beginnt nach dem Eingang der Angebote ein dynamischer Prozess, in dem sich durch Verhandlungen sowohl auf Nachfrage- als auch auf Angebotsseite **Veränderungen** ergeben können, bis geklärt ist, wie die Leistung **konkret beschaffen** sein soll und zu **welchen Konditionen,** einschließlich des Preises, der Auftragnehmer diese liefert (Bunte 2022, § 119, Rn. 14). Während der Verhandlung darf der Beschaffungsgegenstand freilich nicht gänzlich geändert werden, sondern die Identität des Beschaffungsvorhabens muss im Wesentlichen gewahrt bleiben.

Im Unterschwellenbereich ist das Verhandlungsverfahren innerhalb der VOB/A und der VOL/A mit der **freihändigen Vergabe** vergleichbar (Probst/Winters 2015, S. 123). Im Geltungsbereich der UVgO entspricht das Verhandlungsverfahren der **Verhandlungsvergabe.**

3.4.4 Wettbewerblicher Dialog

Der **wettbewerbliche Dialog** ist nach § 119 Abs. 6 Satz 1 GWB ein Verfahren zur Vergabe öffentlicher Aufträge mit dem Ziel der Ermittlung und Festlegung der Mittel, mit denen die Bedürfnisse des öffentlichen Auftraggebers am besten erfüllt werden können. Das Verfahren unterteilt sich in **3 Abschnitte:** Zunächst hat der Auftraggeber zur Identifikation geeigneter Bieter zwingend einen **Teilnahmewettbewerb** durchzuführen, um in einem zweiten Schritt mit den ausgewählten Unternehmen in einen **Dialog** zur Erörterung aller Aspekte der Auftragsvergabe eintreten zu können, § 119 Abs. 6 Satz 2 GWB. Da der Auftraggeber zu Beginn des Verfahrens in der Regel keine eindeutige Leistungsbeschreibung vorlegen kann, erarbeiten Auftraggeber und Bieter im Zuge der Dialoge gemeinsam **Lösungskonzepte,** die als Grundlage für die späteren Angebote der Unternehmen dienen (Willenbruch/Wieddekind 2017, § 119 GWB, Rn. 24). Über die im Anschluss an die Dialogphase eingereichten Angebote darf **nicht verhandelt** werden. Lediglich über das Angebot, das den Zuschlag erhalten soll, darf mit dem Ziel „verhandelt" werden, finanzielle Zusagen oder andere letzte Details der Auftragsbedingungen abschließend festzulegen (Gabriel/Mertens/Prieß/Stein 2021, § 119 GWB, Rn. 31).

Ein mit dem wettbewerblichen Dialog vergleichbares Verfahren im Unterschwellenbereich gibt es nicht.

3.4.5 Innovationspartnerschaft

Schließlich handelt es sich bei der **Innovationspartnerschaft** gemäß § 119 Abs. 7 Satz 1 GWB um ein Verfahren zur Entwicklung innovativer, noch nicht auf dem Markt verfügbarer Liefer-, Bau- oder Dienstleistungen und zum anschließenden Erwerb der daraus hervorgehenden Leistungen. Auch in diesem Verfahren ist zunächst ein Teilnahmewettbewerb durchzuführen, nach dessen Abschluss der öffentliche Auftraggeber in mehreren Phasen mit den ausgewählten Unternehmen über die Erst- und Folgeangebote verhandelt, § 119 Abs. 7 Satz 2 GWB. Im Unterschied zum Verhandlungsverfahren darf der Auftraggeber von vornherein auch nur mit **einem Bieter** verhandeln, ein reiner Preiswettbewerb ist im Rahmen der Innovationspartnerschaft jedoch nicht zulässig. Vielmehr muss Grundlage des Zuschlags das beste **Preis-Leistungs-Verhältnis** sein (Gabriel/Mertens/Prieß/Stein 2021, § 119 GWB, Rn. 36).

Auch für die Innovationspartnerschaft existiert kein vergleichbares Pendant im Unterschwellenbereich.

3.5   Festlegung von Eignungs- und Zuschlagskriterien

Ein weiterer im Vergabevermerk zu dokumentierender Punkt ist die Festlegung
der **Eignungs- und Zuschlagskriterien.** Diese sind spätestens in den Vergabeunterlagen anzugeben, sofern sie nicht bereits in der Auftragsbekanntmachung
genannt worden sind (§ 29 Abs. 1 Satz 2 VgV).

Ein Bewerber/Bieter ist gemäß § 122 Abs. 1 Satz 1 GWB geeignet, wenn
er die durch den öffentlichen Auftraggeber zur ordnungsgemäßen Ausführung
des öffentlichen Auftrags festgelegten Kriterien („**Eignungskriterien**") erfüllt.
Die Eignungskriterien dürfen dabei grundsätzlich nur die **Befähigung und
Erlaubnis zur Berufsausübung,** die **wirtschaftliche und finanzielle Leistungsfähigkeit** sowie die **technische und berufliche Leistungsfähigkeit** betreffen (§
122 Abs. 2 Satz 2 GWB). Zur Prüfung der Eignung eines Bewerbers/Bieters
darf der Auftraggeber insofern Unterlagen und Angaben von diesem fordern,
deren Vorliegen Voraussetzung für die Ausführung des Beschaffungsvorgangs ist
(Prieß/Hausmann/Kulartz 2018, B. V. 14., Rn. 8). Hierbei hat der Auftraggeber gemäß § 48 Abs. 2 Satz 1 VgV grundsätzlich die Einreichung von sog.
„**Eigenerklärungen**" zu verlangen.

Wie bereits ausgeführt wurde, folgt aus dem Regelungszweck der Wirtschaft-
lichkeit, dass der Zuschlag gemäß § 127 Abs. 1 GWB auf das **wirtschaftlichste
Angebot** zu erteilen und hierfür grundsätzlich das beste **Preis-Leistungs-
Verhältnis** maßgeblich ist (s. o. **Ziff. 2.3.2**). Innerhalb der Zuschlagskriterien
können in diesem Zusammenhang neben dem **Preis** und den **Kosten** auch **qua-
litative, umweltbezogene** oder **soziale Aspekte** berücksichtigt werden, § 127
Abs. 1 Satz 4 GWB. In jedem Fall müssen die Zuschlagskriterien mit dem
Auftragsgegenstand in Verbindung stehen (§ 127 Abs. 3 Satz 1 GWB) und so
ausgestaltet sein, dass die Möglichkeit eines wirksamen Wettbewerbs gewährleistet wird, der Zuschlag nicht willkürlich erteilt werden kann und eine wirksame
Überprüfung möglich ist, ob und inwieweit die Angebote die Zuschlagskriterien
erfüllen (§ 127 Abs. 4 Satz 1 GWB).

> ▶ Bei der Erstellung der Eignungs- und Zuschlagskriterien hat
> der öffentliche Auftraggeber darauf zu achten, dass es zu kei-
> ner **Vermengung** von Eignungs- und Zuschlagskriterien kommt
> (Gabriel/Krohn/Neun 2021, § 30, Rn. 14). Die bieterbezogene Eignung
> und auftragsbezogene Angebotswertung sind vielmehr zwei unter-
> schiedliche Vorgänge, die unterschiedlichen Regelungen unterliegen
> und deshalb strikt voneinander **zu trennen** sind (Weyand 2015, § 97
> GWB, Rn. 811).

3.6 Pflicht zur vollständigen Bereitstellung der Vergabeunterlagen bis zur Veröffentlichung der EU-Bekanntmachung

Seit der Vergaberechtsnovelle 2016 sind Auftraggeber verpflichtet, den Bewerbern/Bietern die Vergabeunterlagen im Zeitpunkt der Veröffentlichung der Auftragsbekanntmachung „vollständig" zur Verfügung zu stellen (§ 41 Abs. 1 VgV; § 41 Abs. 1 SektVO). Bei der Durchführung zweistufiger Verfahren ist in diesem Zusammenhang umstritten, ob auch die Unterlagen zur Abwicklung des Angebotsverfahrens bereits zu Beginn des Teilnahmewettbewerbs vorliegen müssen. Die vergaberechtliche Rechtsprechung stellt sich dabei überwiegend auf den Standpunkt, dass der Auftraggeber auch im zweistufigen Vergabeverfahren, also insbesondere im Verhandlungsverfahren mit Teilnahmewettbewerb, **bereits** mit der **Auftragsbekanntmachung** die Angebotsunterlagen allen interessierten Unternehmen zur Verfügung stellen muss (OLG München, Beschl. v. 13.03.2017 – Az. Verg 15/16 (juris), Tz. 81). Dies gilt zumindest dann, soweit die vorgenannten Unterlagen bei Auftragsbekanntmachung bereits in einer finalisierten Form vorliegen können (Greb/Müller 2017, § 41 SektVO, Rn. 28).

In der Praxis empfiehlt es sich daher auch im zweistufigen Verfahren, **alle** für den Teilnahmewettbewerb und das Angebotsverfahren relevanten Unterlagen bereits mit der Veröffentlichung der Bekanntmachung zur Verfügung zu stellen.

▷ Die vorgenannten **„Weggabelungen"** – die insbesondere zum Inhalt des sog. **„Eröffnungsvermerks"** gehören – sollte jeder öffentliche Auftraggeber verinnerlichen und bei der Erstellung des Vergabevermerks berücksichtigen. Die wesentlichen im Eröffnungsvermerk und der übrigen Verfahrensdokumentation darzustellenden Punkte werden in der **Abb. 3.6** nochmals zusammengefasst.

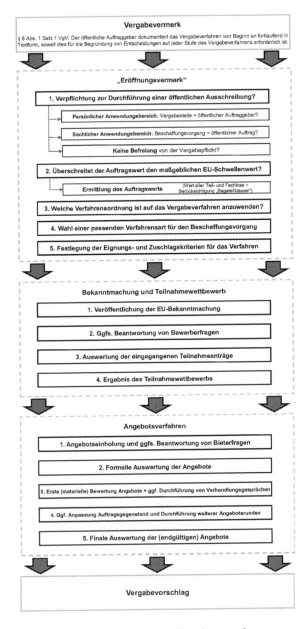

Abb. 3.6 Die wichtigsten „Weggabelungen" im Vergabevermerk

Der Ablauf eines Vergabeverfahrens 4

Der Ablauf eines Beschaffungsvorgangs hängt wesentlich von der **gewählten Verfahrensart** (s. o. **Ziff. 3.**4) und insofern von der Anzahl der **Verfahrensstufen** ab (vgl. Schmid 2015, S. 167). Exemplarisch für das einstufige Verfahren wird daher zunächst der Ablauf eines offenen Verfahrens (zum Inhalt s. o. **Ziff. 3.4.1**) nach den Vorgaben der VgV dargestellt. Sodann wird das zweistufige Verfahren am Beispiel eines Verhandlungsverfahrens (s. o. **Ziff. 3.4.3**) wiederum nach den Regelungen der VgV erläutert. Wichtig ist, dass der Auftraggeber die wesentlichen Schritte des entsprechenden Verfahrens jeweils hinreichend im Sinne von § 8 VgV **dokumentiert** (hierzu s. auch **Abb. 3.6,** die die wichtigsten Dokumentationsschritte am Beispiel eines Verhandlungsverfahrens mit vorherigem Teilnahmewettbewerb aufzeigt).

4.1 Ablauf eines offenen Verfahrens

Der Ablauf des **offenen Verfahrens** lässt sich den **Rechtsverordnungen** der 2. Stufe des Kartellvergaberechts (s. o. **Ziff. 2.2.1**) entnehmen (Bunte 2022, § 119 GWB, Rn. 17). Die entsprechenden Regelungen sind inhaltlich vergleichbar, sodass im Folgenden lediglich auf die Vorschriften der VgV verwiesen wird.

Das Verfahren beginnt gemäß § 37 VgV mit der **europaweiten Auftragsbekanntmachung** im Supplement des Amtsblatts der Europäischen Union für das europäische öffentliche Auftragswesen. Durch diese werden alle interessierten Unternehmen über den Beschaffungsvorgang informiert und aufgefordert, am Angebotsverfahren teilzunehmen (Lux 2006, S. 973). Gleichzeitig mit der Auftragsbekanntmachung gibt der Auftraggeber eine elektronische Adresse an, unter der die Vergabeunterlagen unentgeltlich, uneingeschränkt, vollständig und direkt

© Springer Fachmedien Wiesbaden GmbH, ein Teil von Springer Nature 2022
D. Naumann, *Vergaberecht,* essentials,
https://doi.org/10.1007/978-3-658-37005-3_4

abgerufen werden können, § 41 Abs. 1 VgV. Die Vergabe- oder Angebotsunterlagen bestehen regelmäßig aus einem Bieterleitfaden („Verfahrensbrief") und
einem Auftragnehmerbogen. Mit dem **Verfahrensbrief** erhalten die Interessenten
gemäß § 29 VgV weitere Informationen zum Verfahren, zum Verfahrensablauf,
zu den Zuschlagskriterien (in Form einer „**Wertungsmatrix**") und zu den weiteren Teilnahmebedingungen für die Einreichung ihres Angebots. Des Weiteren
liegt dem Verfahrensbrief regelmäßig auch eine (technische) Leistungsbeschreibung des Auftragsgegenstands sowie ein Vertragsentwurf bei (§ 29 Abs. 1 Satz
2 Nr. 3 VgV). Bei dem **Auftragnehmerbogen** handelt es sich um ein Formular,
das die Bieter ausfüllen und dadurch ihre Eignung zur Erbringung der angefragten
Leistungsbeschaffung nachweisen müssen.

Die Bieter haben ihre Angebote **elektronisch** innerhalb der **Angebotsfrist** –
die nach § 15 Abs. 2, 4 VgV grundsätzlich **mindestens 30 Tage** betragen
muss – bei der Vergabestelle einzureichen. Während der Angebotsphase besteht
die Möglichkeit, Bieterfragen zu stellen, die die Vergabestelle spätestens sieben
Kalendertage vor dem Ablauf der Angebotsfrist beantworten muss. Nach dem
Eingang der Angebote bei der Vergabestelle wird die Öffnung der Angebote durch
mindestens zwei Vertreter des öffentlichen Auftraggebers durchgeführt.

An die Öffnung der Angebote schließt sich ein vierstufiger Prüfungs- und
Wertungsprozess an (Probst/Winters 2019, 1160). Hierbei wird zunächst die Einhaltung der Formalien (= *1. Stufe*) gemäß § 56 VgV sowie die Eignung der
Bieter anhand der angeforderten und vorgelegten Eignungsnachweise (= *2. Stufe*)
nach § 57 Abs. 1 VgV geprüft (Bunte 2022, § 119 GWB, Rn. 19). Sodann muss
die Angemessenheit des Angebotspreises im Sinne von § 60 Abs. 1 VgV fest-
gestellt werden (= *3. Stufe*), bevor schließlich in der *4. Stufe* eine vergleichende
Angebotswertung anhand der bekannt gemachten Zuschlagskriterien stattfindet
(Probst/Winters 2019, 1161). Angebote, die nicht form- oder fristgerecht eingegangen sind oder Änderungen bzw. Ergänzungen an den Vergabeunterlagen
enthalten, werden dabei bereits in der *1. Stufe* von der weiteren Wertung ausgeschlossen, § 57 Abs. 1 VgV. Der Auftraggeber hat in diesem Zusammenhang nach
§ 56 Abs. 2 Satz 1 VgV die Möglichkeit, fehlende oder unvollständige Unterlagen
nachzufordern, sofern er sich dies in der Auftragsbekanntmachung vorbehalten
hat. Die Nachforderung von leistungsbezogenen Unterlagen, die Wertungsrele-
vanz für die aufgestellten Zuschlagskriterien haben, ist jedoch ausgeschlossen (§
56 Abs. 3 Satz 1 VgV). Die weiteren Wertungsstufen werden in **Abb. 4.1** noch
einmal veranschaulicht.

Bieter, deren Angebote nicht berücksichtigt werden sollen, werden von dem
Auftraggeber – wiederum elektronisch – über die **Gründe der Nichtberücksich-
tigung,** den **frühesten Zeitpunkt** des Vertragsschlusses sowie über die **Identität**

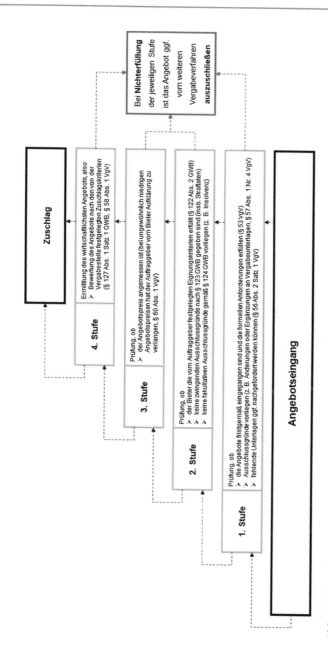

Abb. 4.1 Angebotsprüfung und Wertung

des für die Zuschlagserteilung vorgesehenen Bieters gemäß § 134 Abs. 1 Satz
1 GWB informiert. Dadurch soll unterlegen Bietern die Möglichkeit gegeben
werden, die Anstrengung eines Nachprüfungsverfahrens (hierzu. s. **Ziff. 6.1**) zu
überdenken (Burgi/Dreher 2017, § 134 GWB, Rn. 60). Nach Ablauf der zehntä-
gigen **Wartefrist** (§ 134 Abs. 2 Satz 2 GWB) erfolgt die Zuschlagserteilung und
damit der Vertragsschluss mit dem Bestbieter.

Zur besseren Übersicht wird der Ablauf eines offenen Verfahrens in **Abb. 4.2**
nochmals graphisch dargestellt.

4.2   Ablauf eines Verhandlungsverfahrens

Bei dem **Verhandlungsverfahren** handelt es sich um ein **zweistufiges Verfahren,**
sodass der Auftraggeber die Vergabeunterlagen jeweils für den **Teilnahmewettbewerb** und das **Angebotsverfahren** vorzubereiten hat. Die Teilnahmeunterlagen
setzen sich aus dem 1. Verfahrensbrief und dem Teilnahmeantrag zusammen. Der
1. Verfahrensbrief informiert über die Abwicklung des Teilnahmewettbewerbs
und legt – gemeinsam mit der Auftragsbekanntmachung – die Eignungskriterien für die Bewerber fest, die sich an dem Verfahren beteiligen wollen.
Bei dem **Teilnahmeantrag** handelt es sich wiederum um ein Formular, das
einen Bewerberbogen enthält, mit dem die Bewerber durch die Abgabe von
Eigenerklärung und weiterer Anlagen ihre Eignung nachweisen sollen. Zu den
Angebotsunterlagen, die die Abwicklung des Verhandlungsverfahrens regeln,
gehört insbesondere der **2. Verfahrensbrief.** Letzterer enthält die Zuschlagskriterien bzw. die Wertungsmatrix, die technische Leistungsbeschreibung und einen
Vertragsentwurf.

Der **Teilnahmewettbewerb** beginnt mit der **Veröffentlichung der EU-
Bekanntmachung** sowie der elektronischen Bereitstellung der soeben beschrie-
benen Vergabeunterlagen. Im Unterschied zum offenen Verfahren werden die
Bewerber hierbei aber zunächst zur Einreichung des Teilnahmeantrags aufgefordert, § 17 Abs. 1 Satz 1 VgV. Die **Teilnahmefrist** beträgt gemäß § 17
Abs. 2 VgV grundsätzlich **mindestens 30 Tage.** Während der Bewerbungsphase
können die Bewerber Fragen stellen, die die Vergabestelle wiederum rechtzei-
tig vor Ablauf der Teilnahmefrist zu beantworten hat. Nach dem Eingang der
Bewerbungen prüft die Vergabestelle die Teilnahmeanträge im Hinblick auf ihre
Vollständigkeit, die Einhaltung der Formalien und die Qualität der eingereichten Unterlagen bzw. Eigenerklärungen. Fehlende, unvollständige oder fehlerhafte
unternehmensbezogene Unterlagen können auch hier nach § 56 Abs. 2 Satz 1
VgV nachgefordert werden, sofern sich der Auftraggeber die Nachforderung von

Ablauf eines offenen Verfahrens

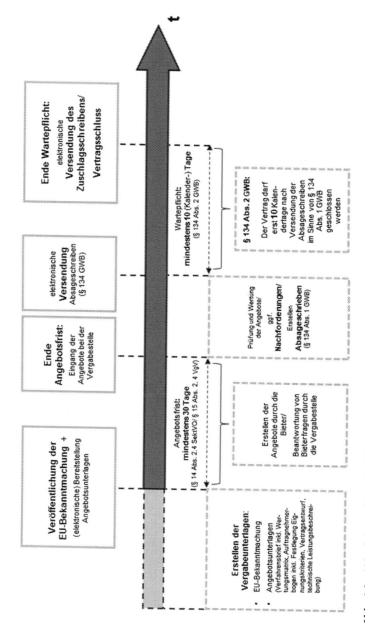

Veröffentlichung der EU-Bekanntmachung + (elektronische) Bereitstellung Angebotsunterlagen

Erstellen der Vergabeunterlagen:
EU-Bekanntmachung
Angebotsunterlagen
(Verfahrensbrief inkl. Wertungsmatrix, Auftragnehmerbogen inkl. Festlegung Eignungskriterien, Vertragsentwurf, technische Leistungsbeschreibung)

Angebotsfrist:
mindestens 30 Tage
(§ 14 Abs. 2, 4 SektVO/ § 15 Abs. 2, 4 VgV)

Erstellen der Angebote durch die Bieter/
Beantwortung von Bieterfragen durch die Vergabestelle

Ende Angebotsfrist:
Eingang der Angebote bei der Vergabestelle

elektronische **Versendung** Absageschreiben (§ 134 GWB)

Prüfung und Wertung der Angebote/ ggf. **Nachforderungen/** Erstellen **Absageschreiben** (§ 134 Abs. 1 GWB)

Wartepflicht: mindestens 10 (Kalender-) Tage (§ 134 Abs. 2 GWB)

Ende Wartepflicht: elektronische **Versendung des Zuschlagsschreibens/ Vertragsschluss**

§ 134 Abs. 2 GWB:
Der Vertrag darf erst 10 Kalendertage nach Versendung der Absageschreiben im Sinne von § 134 Abs. 1 GWB geschlossen werden

Abb. 4.2 Ablauf eines offenen Verfahrens

Unterlagen vorbehalten hat (vgl. § 56 Abs. 2 Satz 2 VgV). Abgeschlossen wird der Teilnahmewettbewerb durch die – elektronische – Versendung der Absageschreiben bzw. der **Aufforderungen zur Angebotsabgabe.** Dabei sind nur die vom Auftraggeber entsprechend aufgeforderten Unternehmen zur Einreichung von Erstangeboten berechtigt, § 17 Abs. 4 Satz 1 VgV.

Eine Besonderheit im Verhandlungsverfahren ist, dass der Auftraggeber die Angebotsfrist gemäß § 17 Abs. 7 Satz 1 VgV **im Einvernehmen** mit den Bietern festlegen kann. Andernfalls beträgt die Angebotsfrist mindestens 30 Tage (§ 17 Abs. 6 VgV), bei Sektorenvergaben mindestens zehn Tage (§ 15 Abs. 2 SektVO). Im Unterschied zum offenen Verfahren verhandelt der Auftraggeber nach § 17 Abs. 10 Satz 1 VgV mit den Bietern über die Erst- und Folgeangebote – mit Ausnahme des endgültigen Angebots – mit dem Ziel, die Angebote inhaltlich zu verbessern. In diesem Zusammenhang darf über den gesamten Angebotsinhalt, jedoch nicht über die in den Vergabeunterlagen festgelegten Zuschlags- und Mindestkriterien verhandelt werden, § 17 Abs. 10 Satz 2 VgV. Darüber hinaus erfolgt die Eignungsprüfung (2. Wertungsstufe) im Verhandlungsverfahren bereits im Rahmen der Auswertung der Teilnahmeanträge (Probst/Winters 2019, S. 1160). Bis auf die vorgenannten Ausnahmen gelten für die weitere Abwicklung der Angebotsphase die zum offenen Verfahren gemachten Aussagen entsprechend (s. o. **Ziff. 4.1**).

Der Ablauf des Verhandlungsverfahrens ist in **Abb. 4.3** graphisch dargestellt.

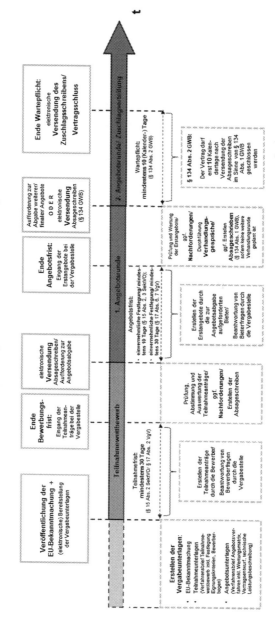

Abb. 4.3   Ablauf eines Verhandlungsverfahrens

E-Vergabe 5

5.1 Oberschwellenbereich

Ein wesentlicher Bestandteil der Vergaberechtsnovelle 2016 war die **schrittweise Einführung** der E-Vergabe, die zum 18. Oktober 2018 **abgeschlossen** wurde. Im Oberschwellenbereich ist das Senden, Empfangen, Weiterleiten und Speichern von Daten mittels elektronischer Mittel gemäß § 97 Abs. 5 GWB (hierzu s. auch **Ziff. 2.3.5**) für Auftraggeber (und Auftragnehmer) damit nunmehr verpflichtend. Die Einzelheiten sind wiederum in den Rechtsverordnungen der 2. Stufe des Kartellvergaberechts geregelt.

Ein wesentlicher Grundsatz der E-Vergabe besagt zunächst, dass der öffentliche Auftraggeber in der Auftragsbekanntmachung eine **elektronische Adresse** angeben muss, unter der die sämtliche Vergabeunterlagen unentgeltlich, uneingeschränkt, vollständig und direkt abgerufen werden können, § 41 Abs. 1 VgV. **Uneingeschränkt** ist dabei so zu verstehen, dass der Zugang zu den Vergabeunterlagen **ohne Registrierung** möglich sein muss. Letztere darf allenfalls freiwillig erfolgen (Goede/Stoye/Stolz 2021, 9. Kapitel, Rn. 11).

Des Weiteren wurde durch die E-Vergabe der Grundsatz der **elektronischen Kommunikation** in das Kartellvergaberecht eingeführt. Wie bereits ausgeführt wurde (s. o. **Ziff. 2.3.5**) besagt dieser, dass die Beteiligten eines Vergabeverfahrens für das Senden, Empfangen, Weiterleiten von Daten im Vergabeverfahren grundsätzlich elektronische Mittel zu verwenden haben (§ 97 Abs. 5 GWB, § 9 Abs. 1 VgV). Auf der Seite des Bieters betrifft diese u. a. die elektronische Einreichung von Bieterfragen, Teilnahmeanträgen und Angeboten. Der Auftraggeber hat in diesem Zusammenhang Bieterfragen elektronisch zu beantworten und Nachforderungs-, Informations-, Absage- und Zuschlagsschreiben elektronisch zu versenden (Röwekamp/Kus/Portz/Prieß 2020, § 97 GWB, Rn. 254).

D. Naumann, *Vergaberecht*, essentials,
https://doi.org/10.1007/978-3-658-37005-3_5

Zum besseren Verständnis wird der **Umfang** der elektronischen Kommunikation im Oberschwellenbereich in **Abb. 5.1** nochmals dargestellt.

▷   Die vorgenannten Anforderungen werden mittlerweile von den meisten **E-Vergabe-Plattformen** abgebildet, was zur wesentlichen Erleichterung der Abwicklung und Handhabung von Vergabeverfahren beigetragen hat. Besonders hilfreich ist in diesem Zusammenhang die automatische Erstellung der **Vergabeakten,** in der **alle Kommunikationsschritte** des Vergabeverfahrens dargestellt werden.

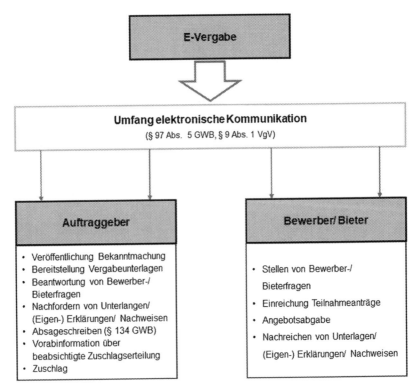

Abb. 5.1   Umfang elektronische Kommunikation im Oberschwellenbereich

5.2 Unterschwellenbereich

Im Hinblick auf die Pflicht zur Durchführung der E-Vergabe im Unterschwellenbereich ist zuvorderst danach zu differenzieren, welche **Leistungsart** durch das Vergabeverfahren eingekauft werden soll.

Für die Beschaffung von **Bauleistungen** im Unterschwellenbereich hat der Auftraggeber gemäß §§ 11 ff. VOB/A grundsätzlich die **Wahl,** ob er das Vergabeverfahren elektronisch oder – wie bisher üblich – schriftlich abwickelt. Anders als im Oberschwellenbereich wurde die Pflicht zur elektronischen Kommunikation bewusst nicht eingeführt, da nicht alle Bieter und Auftraggeber bereits auf eine durchgehende elektronische Kommunikation eingerichtet sind (Ziekow/Völlink 2020, § 11 VOB/A, Rn. 1). Dieses Wahlrecht gilt grundsätzlich auch für **Liefer- und Dienstleistungen, solange** die VOL/A in den jeweiligen Bundesländern noch nicht durch die UVgO **abgelöst** wurde. Gemäß § 11 Abs. 1 VOL/A legt der Auftraggeber bei der Beschaffung von Liefer- und Dienstleistungen die Kommunikationsmittel fest, sodass die E-Vergabe – ähnlich wie bei den Regelungen nach §§ 11 ff. VOB/A – auch in diesem Bereich nicht zwingend ist.

In den Bundesländern, in denen die UVgO mittels Erlass oder Landesvergabegesetz bereits für anwendbar erklärt wurde (hierzu s. o. **Ziff. 2.2.2**), ist die E-Vergabe seit dem **1. Januar 2020** demgegenüber verpflichtend, § 38 Abs. 3 UVgO.

> ▶ Führt der Auftraggeber eine **Beschränkte Ausschreibung** ohne Teilnahmewettbewerb bzw. eine **Verhandlungsvergabe** ohne Teilnahmewettbewerb durch oder überschreitet die Beschaffung einen geschätzten Netto-Auftragswert von € 25.000 nicht, besteht auch derzeit keine Pflicht zur Einhaltung der E-Vergabe (§ 38 Abs. 4 UVgO).

Grundlagen des vergaberechtlichen Rechtsschutzes

6

Zum Abschluss der Darstellung der „Grundzüge der öffentlichen Auftragsvergabe" werden nachfolgend die **Rechtsschutzmöglichkeiten** für Bieter ober- und unterhalb der EU-Schwellenwerte skizziert.

6.1 Rechtsschutz oberhalb der Schwellenwerte

Unternehmen haben gemäß § 97 Abs. 6 GWB einen **Anspruch** darauf, dass die Bestimmungen über das Vergabeverfahren **eingehalten werden.** Dieses **subjektive Recht** zur Einhaltung des Vergaberechts können die Bieter oberhalb der Schwellenwerte vor unabhängigen Spruchkörpern im sog. „**Nachprüfungsverfahren**" durchsetzen (Ziekow/Völlink 2020, Einleitung, Rn. 10). Es handelt sich insofern um ein **zweistufiges Verfahren** (Kramer/André 2009, S. 907 f.): Die **1. Stufe** der Nachprüfung findet vor den **Vergabekammern** statt, § 156 Abs. 1 GWB. Dabei handelt es sich um behördeninterne Spruchkörper des Bundes – eingerichtet beim Bundeskartellamt – und der Länder, die unabhängig und in einem gerichtsähnlichen Verfahren entscheiden (Burgi/Dreher 2017, Einleitung, Rn. 61). Gegen Entscheidungen der Vergabekammern ist auf der **2. Stufe** die „**sofortige Beschwerde**" vor dem zuständigen Vergabesenat des jeweiligen **Oberlandesgerichtes** zulässig (§ 171 Abs. 1, 3 GWB).

Voraussetzung für die Einleitung eines Nachprüfungsverfahrens ist zunächst, dass der Bieter den aus seiner Sicht bestehenden Verstoß gegen Vergabevorschriften fristgerecht gegenüber dem Auftraggeber **rügt**, § 160 Abs. 1 Satz 3 GWB. Dadurch soll dem öffentlichen Auftraggeber insbesondere die Möglichkeit eingeräumt werden, sein Handeln zu **überprüfen,** um mögliche **Fehler selbst korrigieren** und damit die Durchführung des Nachprüfungsverfahrens schlussendlich vermeiden zu können (Probst/Winters 2019, S. 1162). Hilft der

© Springer Fachmedien Wiesbaden GmbH, ein Teil von Springer Nature 2022
D. Naumann, *Vergaberecht,* essentials,
https://doi.org/10.1007/978-3-658-37005-3_6

Auftraggeber der Rüge nicht ab, kann der Bieter gemäß § 160 Abs. 1 GWB einen **Antrag** auf Einleitung eines Nachprüfungsverfahren bei der zuständigen Vergabekammer stellen. Dabei muss der Bieter u. a. seine **Antragsbefugnis** darlegen. Letztere liegt nach § 160 Abs. 2 GWB vor, wenn der Bieter ein **Interesse** an dem Auftrag hat, er eine Verletzung in seinen Rechten im Sinne von § 97 Abs. 6 GWB durch die **Nichtbeachtung** von Vergabevorschriften geltend macht und darlegt, dass ihm durch die behauptete Verletzung der Vergabevorschriften ein **Schaden** entstanden ist oder zu entstehen droht.

Sofern der Nachprüfungsantrag des Bieters form- und fristgemäß bei der Vergabekammer eingegangen ist, überprüft diese zunächst, ob der Antrag **offensichtlich** unzulässig oder unbegründet ist, § 161 Abs. 2 Satz 1 GWB. Sollte dies nicht der Fall sein, übermittelt die Vergabekammer dem Auftraggeber gemäß § 161 Abs. 2 Satz 3, 4 GWB eine Kopie des Nachprüfungsantrags und fordert ihn auf, die **Vergabeakten** – die das Vergabeverfahren dokumentieren – der Vergabekammer **sofort** zur Verfügung zu stellen. Hiermit wird dem Auftraggeber bis zur Entscheidung der Vergabekammer und dem Ablauf der Frist zur Einreichung einer sofortigen Beschwerde zum Oberlandesgericht (gegen die Entscheidung der Vergabekammer) **untersagt**, den Zuschlag zu erteilen, § 169 Abs. 1 GWB. Erteilt der öffentliche Auftraggeber nach dieser Mitteilung dennoch den Zuschlag, verstößt er damit gegen ein gesetzliches Verbot im Sinne von § 134 BGB, sodass der mit der Zuschlagserteilung geschlossene Vertrag **nichtig** und für den Fortgang des Nachprüfungsverfahrens **unbeachtlich ist** (Ziekow/Völlink 2020, § 169 GWB, Rn. 6).

Nach der Übersendung der Vergabeakte besteht die Möglichkeit, eine **mündliche Verhandlung** durchzuführen, soweit die Beteiligten nicht einstimmig auf diese verzichten (§ 166 Abs. 1 GWB). In diesem Zusammenhang erhalten alle Verfahrensbeteiligen gemäß § 166 Abs. 1 Satz 2 GWB nochmals die Möglichkeit zur **Stellungnahme.** Im Anschluss an die mündliche Verhandlung **entscheidet** die Vergabekammer, ob der Antragsteller in seinen Rechten **verletzt** ist und trifft die geeigneten Maßnahmen, um eine Rechtsverletzung zu beseitigen und eine Schädigung der betroffenen Interessen zu verhindern (§ 168 Abs. 1 Satz 1 GWB). Zu beachten ist hierbei, dass ein **wirksam erteilter Zuschlag** auch im Nachprüfungsverfahren gemäß § 168 Abs. 2 Satz 1 GWB **nicht aufgehoben** werden kann.

Sind die Beteiligten mit der Entscheidung der Vergabekammer nicht einverstanden, besteht sodann die Möglichkeit zur Einreichung einer sofortigen Beschwerde zum Oberlandesgericht nach §§ 171, 172 GWB.

6.2 Rechtsschutz unterhalb der Schwellenwerte

Im Unterschwellenbereich existieren **keine** spezifischen bundesrechtlichen Bestimmungen für die Überprüfung der entsprechenden Vergabeverfahren (Sitsen 2018, S. 654). Auf Länderebene haben bisher lediglich **Sachsen** (vgl. § 8 Sächs-VergabeG), **Sachsen-Anhalt** (vgl. § 19 LVG LSA) und **Thüringen** (vgl. § 19 ThürVgG) einen Rechtsschutz für die vermeintliche Nichteinhaltung von Vergabevorschriften normiert. In den übrigen Bundesländern haben Bieter gleichwohl die Möglichkeit bei den jeweils zuständigen Zivilgerichten den Erlass einer **einstweiligen Verfügung** mit dem Ziel zu beantragen, eine drohende Zuschlagserteilung – **vorläufig** – zu verhindern (Ziekow/Völlink 2020, Vor § 155 GWB, Rn. 16). Im Gegensatz zum Oberschwellenbereich, in denen die Vergabekammern den Sachverhalt von Amts wegen erforschen (sog. „**Untersuchungsgrundsatz**", § 163 GWB), ist der Bieter vor den Zivilgerichten für die Behauptung eines Vergabeverstoßes selbst **darlegungs- und beweispflichtig.** In der Praxis dürfte letzteres für die Bieter problematisch sein, da sie allenfalls beschränkte Kenntnisse von den Vorgängen im Bereich des Auftraggebers haben (Sitsen 2018, S. 656).

Was Sie aus diesem *essential* mitnehmen können

- Der Begriff „Vergaberecht" beinhaltet die Gesamtheit der Rechtsvorschriften, die öffentliche Auftraggeber bei der Beschaffung von Gütern und Leistungen zu beachten haben. Es handelt sich insbesondere um „Vertragsanbahnungsrecht", das auf den Abschluss entgeltlicher Verträge des öffentlichen Auftraggebers mit privaten Auftragnehmern abzielt.
- Das Vergaberecht ist zweigeteilt: Bei Erreichen oder Überschreiten der jeweils einschlägigen EU-Schwellenwerte spricht man vom sog. „Oberschwellenbereich", auf den die Vorschriften des „Kartellvergaberechts" anwendbar sind. Hierzu gehören bspw. der 4. Teil des GWB, die VgV, die SektVO oder die VOB/A-EU. Werden die EU-Schwellenwerte nicht erreicht, handelt es sich um den sog. „Unterschwellenbereich" bzw. das „Haushaltsvergaberecht". Dieses beinhaltet u. a. die Regelungen der UVgO, der VOB/A und die einschlägigen Landesvergabegesetze wie z. B. das Sächsische Vergabegesetz.
- Im Oberschwellenbereich ist das Vergaberecht anwendbar, wenn ein Beschaffungsvorgang durch eine (Vergabe-) Stelle durchgeführt werden soll, die als öffentlicher Auftraggeber zu qualifizieren ist, es sich bei den Vorhaben um einen öffentlichen Auftrag handelt und keine Befreiung von der Vergabepflicht einschlägig ist.
- Die Vergabe von öffentlichen Aufträgen kann im offenen Verfahren, im nicht offenen Verfahren, im Verhandlungsverfahren, im wettbewerblichen Dialog oder der Innovationspartnerschaft erfolgen. Der Ablauf eines Beschaffungsvorgangs hängt wesentlich von der gewählten Verfahrensart und der entsprechenden Anzahl der Verfahrensstufen ab.
- Nachdem die schrittweise Umsetzung der E-Vergabe zum 18. Oktober 2018 abgeschlossen wurde, sind Vergaben oberhalb der EU-Schwellenwerte grundsätzlich vollständig elektronisch abzuwickeln. im Unterschwellenbereich ist

© Springer Fachmedien Wiesbaden GmbH, ein Teil von Springer Nature 2022
D. Naumann, *Vergaberecht,* essentials,
https://doi.org/10.1007/978-3-658-37005-3

zunächst danach zu differenzieren, um welche Leistung es sich handelt. Für Bauleistungen hat der Auftraggeber ein Wahlrecht, welche Kommunikationsmittel er einsetzen möchte. Dies gilt grundsätzlich auch für Liefer- und Dienstleistungen, solange in dem jeweiligen Bundesland die VOL/A nicht durch die UVgO abgelöst wurde.

- Innerhalb des Kartellvergaberechts haben Unternehmen einen Anspruch darauf, dass die Bestimmungen über das Vergabeverfahren eingehalten werden. Dieses subjektive Recht zur Einhaltung des Vergaberechts können die Bieter vor unabhängigen Spruchkörpern im sog. „Nachprüfungsverfahren" durchsetzen. Unterhalb der Schwellenwerte sind die Rechtsschutzmöglichkeiten demgegenüber begrenzt.

Literatur

Bekanntmachung des Bundesministerium für Wirtschaft und Klimaschutz. (2017). https://www.bmwi.de/Redaktion/DE/Dowloads/U/unterschwellenvergabeordnung-uvgo.pdf?__blob=publicationFile&v=6. Zugegriffen: 29. Dez. 2021.

Bundesministerium für Wirtschaft und Klimaschutz. (2021). https://www.bmwi.de/Redakt ion/DE/Artikel/Technologie/innovation-beschaffungswesen.html. Zugegriffen: 29. Dez. 2021.

Bunte, H.-J. (2022). *Kartellrecht*. Wolters Kluwer.

Burgi, M., & Dreher, M. (2017). *Beck'scher Vergaberechtskommentar, Bd. 1: GWB 4. Teil*. Beck.

Burgi, M. (2021). *Vergaberecht*. Beck.

Frister, A.-C. (2011). *Entrechtlichung und Vereinfachung des Vergaberechts* (S. 295–306). VergabeR.

Gabriel, M., Krohn, W., & Neun, A. (2021). *Handbuch Vergaberecht*. Beck.

Gabriel, M., Mertens, S., Prieß, H.-J., & Stein, R. M. (2021). *BeckOK Vergaberecht*. Beck.

Goede, M., Stoye, J., & Stolz, B. (2021). *Handbuch des Vergaberechts*. Werner.

Greb, K., & Müller, H.-P. (2017). *Kommentar zum Sektorenvergaberecht*. Werner.

Kapellmann, K. D., & Messerschmidt, B. (2020). *VOB Teil A und B*. Beck.

Kramer, U., & André, T. (2009). *Grundzüge des vergaberechtlichen Rechtsschutzes* (S. 906–911). JuS.

Linke, B. (2017). *Auftragsänderungen im Vergaberecht* (S. 510–516). NVwZ.

Lux, J. (2006). *Einführung in das Vergaberecht* (S. 969–974). JuS.

Prieß, H.-J., Hausmann, F. L., & Kulartz, H.-P. (2018). *Beck'sches Formularbuch Vergaberecht*. Beck.

Probst, P. M., & Winters, F. (2015). *Einführung in das Vergaberecht* (S. 121–125). JuS.

Probst, P. M., & Winters, F. (2019). *Einführung in das Vergaberecht oberhalb der Schwellenwerte* (S. 1157–1162). JuS.

Pünder, H., & Schellenberg, M. (2019). *Vergaberecht*. Nomos.

Raasch, J. (2009). *Die Vergabe öffentlicher Aufträge als Instrument des Verwaltungshandelns* (S. 199–206). JA.

Reidt, O., Stickler, T., & Glahs, H. (2018). *Vergaberecht*. Otto Schmidt.

Röwekamp, H., Kus, A., Portz, N., & Prieß, H.-J. (2020). *Kommentar zum GWB-Vergaberecht*. Werner.

Schmid, K. (2015). *Einführung in das Vergaberecht* (S. 158–172). ZJS.

© Springer Fachmedien Wiesbaden GmbH, ein Teil von Springer Nature 2022
D. Naumann, *Vergaberecht,* essentials,
https://doi.org/10.1007/978-3-658-37005-3

Schröder, H. (2012). *Rechtlich privilegierte Sektorenauftraggeber nach § 98 Nr. 4 GWB* (S. 541–546). NZBau.

Sitsen, M. (2018). *Ist die Zweiteilung des Vergaberechts noch verfassungskonform?* (S. 654–660). ZfBR.

Stelkens, P., Bonk, H.-J., & Sachs, M. (2018). *Verwaltungsverfahrensgesetz*. Beck.

Weyand, R. (2015). *Praxiskommentar Vergaberecht*. id Verlags GmbH.

Willenbruch, K., & Wieddekind, K. (2017). *Kompaktkommentar Vergaberecht*. Werner.

Ziekow, J., & Völlink, U. (2020). *Vergaberecht*. Beck.

Printed in the United States
by Baker & Taylor Publisher Services